华南基础教育名师书系

- 2024年广东省基础教育课程教学改革深化行动专题研究项目"基于项目式学习的初中信息科技教学实践研究"（粤教教研函〔2024〕1号）
- 广东省课题"基于学历案的初中人工智能教-学-评一体化实践研究"（课题号：2023ZQJK114）的研究成果

指向创新素养的初中信息科技项目化学习设计与实践

叶均杰　詹宋强　陈卫军　著

·广州·

图书在版编目（CIP）数据

指向创新素养的初中信息科技项目化学习设计与实践/叶均杰，詹宋强，陈卫军著. 广州：华南理工大学出版社，2024.11. -- ISBN 978-7-5623-7837-2

Ⅰ.G633.672

中国国家版本馆CIP数据核字第2024UB2599号

Zhixiang Chuangxin Suyang De Chuzhong Xinxi Keji Xiangmuhua Xuexi Sheji Yu Shijian

指向创新素养的初中信息科技项目化学习设计与实践
叶均杰　詹宋强　陈卫军　著

出 版 人：	房俊东
出版发行：	华南理工大学出版社
	（广州五山华南理工大学17号楼，邮编510640）
	http://hg.cb.scut.edu.cn　E-mail：scutc13@scut.edu.cn
	营销部电话：020-87113487　87111048（传真）
责任编辑：	黄冰莹
责任校对：	盛美珍
印 刷 者：	广州小明数码印刷有限公司
开　　本：	787mm×1092mm　1/16　印张：11.5　字数：287千
版　　次：	2024年11月第1版　印次：2024年11月第1次印刷
定　　价：	58.00元

版权所有　盗版必究　　印装差错　负责调换

前　言

创新素养是有着新思维、新能力对过去旧事物所产生出的一种改造升级的修习涵养的过程，已成为衡量一个国家竞争力的重要指标。《义务教育信息科技课程标准（2022 年版）》中指出，信息科技课程要培养的核心素养，主要包括信息意识、计算思维、数字化学习与创新、信息社会责任。这四个方面互相支持、互相渗透，共同促进学生数字素养与技能的提升。在教育领域，如何培养学生的创新能力，尤其是信息科技领域的创新素养，成为教育工作者和学者们共同关注的焦点。本书正是基于这样的背景，试图为初中阶段的信息科技教育提供一种全新的教学模式和实践策略。

本书首先介绍了信息科技课程的发展历程，从最初的计算机选修课到如今国家课程标准的制定，信息科技教育已经走过了一段不平凡的历程。在这个过程中，我们看到了信息科技教育从单纯的技能训练到注重创新素养培养的转变。本书通过分析信息科技课程的现状与挑战，探讨了如何在新的教育环境下通过项目化学习的方式激发学生的创新潜能。

其次，书中详细阐述了项目化学习的理论基础，包括其实施现状、设计原则、设计流程，以及数字时代对项目化学习的影响。我们认为，项目化学习是培养学生创新素养的有效途径，它能够让学生在解决实际问题的过程中体验学习的乐趣，提升解决问题的能力。

在智能家居、万物互联等章节中，本书提供了丰富的案例和实践活动，这些内容不仅涵盖了硬件的搭建和软件的编程，还包括了创新思维的培养和团队合作的实践。我们希望通过这些具体的项目，让学生能够将理论知识与实践操作相结合，从而更好地理解和掌握信息科技知识。

再次，本书还探讨了如何在教学中运用技术增强的 TPBL 模型，以及如何利用数字化工具和资源来支持教学和学习。我们相信，这些方法和技术可以为学生提供一个更加丰富、多元和互动的学习环境。

最后，本书还阐述了对项目化学习的评价标准和方法，以确保教学活动的有效性。我们希望通过这些评价机制，能够全面了解学生的学习进展，并为他们提供及时的反馈和指导。

本书是作者对信息科技教育的一次深刻思考和实践探索。我们希望它能够为教育工作者提供有价值的参考和启示，同时也能够激发更多学生对信息科技学习的兴趣和热情。在这个充满挑战和机遇的时代，让我们一起努力，培养出更多具有创新素养的人才，为国家的未来发展贡献力量。

作　者

目 录

第一章 理论基础与背景 (1)
第一节 信息科技课程的前世今生 (1)
第二节 信息科技课程的现状与挑战 (2)
第三节 创新素养的关键要素 (3)
第四节 信息科技课程与创新素养培育 (8)
第五节 项目化学习的理论基础 (10)

第二章 项目化学习设计与实施 (16)
第一节 项目化学习的实施现状 (16)
第二节 项目化学习的设计原则 (17)
第三节 项目化学习的设计流程 (20)
第四节 数字时代对项目化学习的影响 (31)
第五节 基于 TPBL 模型的应用 (32)

第三章 智能家居 (34)
第一节 自主可控从掌控板开始 (39)
第二节 秀出你的创意 (45)
第三节 闪烁的 LED 灯 (52)
第四节 智能门铃 (58)
第五节 旋钮台灯 (63)
第六节 智能楼道灯 (70)
第七节 看得见的声音 (77)
第八节 智能温控风扇 (84)
第九节 智能垃圾桶 (92)
第十节 红外遥控灯 (101)

第四章 万物互联 (110)
第一节 身边的物联网 (110)
第二节 小小植物侦探家 (114)

第三节　数据传输 ………………………………………………………（122）

第四节　设计智能灯光控制系统 ………………………………………（131）

第五节　远程植物守护家（一）………………………………………（136）

第六节　在线投票器 ……………………………………………………（142）

第七节　简易城市集群气象监测系统（一）…………………………（148）

第八节　简易城市集群气象监测系统（二）…………………………（154）

第九节　远程植物守护家（二）………………………………………（159）

第十节　MixIO 本地化应用案例 ………………………………………（167）

附录　项目化学习评价量规 …………………………………………………（176）

第一章　理论基础与背景

第一节　信息科技课程的前世今生

一、从零到一的信息科技课程

2017年，教育部颁布了《普通高中信息技术课程标准》，意味着高中信息技术课程成为国家课程，但义务教育阶段的信息技术课程是没有国家层面的课程标准的，甚至有的学校没有信息技术这门课程，而是附属于"综合实践活动"课中。义务教育阶段的信息技术课程的地位和处境由此可见一斑。

2022年4月，《义务教育信息科技课程标准（2022版）》出台。以往的"信息技术课程"变成了"信息科技课程"，从综合实践活动中剥离出来，成为国家课程。

（一）为什么信息科技必须是国家课程

国家近年来大力推行数字经济，并且有了数字货币等一批数字经济时代的产物，数字经济能否搞好，事关国家发展大局。同时，互联网+、大数据、云计算、区块链等全部都是信息科技领域的核心技术。信息科技全过程、深层次地改变着各行各业。要确保数字经济健康发展，就需要提高全民的数字素养和技能，所以信息科技课程必须是国家课程，只有这样，才能真正培养学生的数字素养，为党育才，为国育人。

而原来的信息技术课程，放在"综合实践活动"课中，没有自己的独立地位，况且"综合实践活动"课在绝大多数学校都不受重视，该课程执教的老师一般是班主任。往往有这样的现象：如果班主任是语文老师，这节"综合实践活动"课可能就变成语文课；如果班主任是数学老师，那么这节课则可能是数学课。

（二）为什么要将"信息技术"改为"信息科技"

以往的信息技术课，教材都是知识导向型的，以操作和教技术知识为主，比如办公软件的操作、图像处理软件的操作。有些会涉及编程，但局限于某个具体的程序设计软件。课程的评价标准是：会操作几种机器、会使用几款软件、会编写几个小程序。但办公软件承载不了育人价值，编程软件不停在更新，昨天还很流行的一款编程工具，今天可能就消失了。教学生编程，也培养不了学生的必备品格和正确的价值观。信息技术学科没有其独特的育人价值，这种操作层面的技巧很容易在其他学科中找到替代的训练。技术导向使学生关注操作，比如会使用wps2016编辑文档；关注编程，比如会用VB编写一个QQ登录界面等。这导致学生的思维都是低阶的，比如记忆、技巧、复述等，学生知其然而不知其所以然的情况普遍存在。

而信息科技课程是以素养为导向的，是为了培养学生的信息意识、计算思维、数字化学习与创新以及信息社会责任。其学科育人价值是，培养学生在数字社会的适应力、解决数字问题的胜任力、建设美好数字社会的创新力。

二、信息科技的学科育人价值

（一）课程性质

《义务教育信息科技课程标准（2022年版）》指出，信息科技是现代科学技术领域的重要部分，主要研究以数字形式表达的信息及其应用中的科学原理、思维方法、处理过程和工程实现。当代高速发展的信息科技对全球经济、社会和文化发展起着越来越重要的作用。

义务教育信息科技课程具有基础性、实践性和综合性，为高中阶段信息技术课程的学习奠定基础。信息科技课程旨在培养学生的科学精神和科技伦理，提升自主可控意识，培育社会主义核心价值观，树立总体国家安全观，提升数字素养与技能。

信息科技课程要培养的核心素养主要包括信息意识、计算思维、数字化学习与创新、信息社会责任。这四个方面互相支持、互相渗透，共同促进学生数字素养与技能的提升。

（二）信息科技育人价值

信息科技学科的学科育人价值主要体现在以下几个方面：

1. 提升数字素养与技能

通过信息科技课程的学习，学生能够掌握数字设备的基本操作和应用，提升在数字世界中的生存与发展能力。

2. 培养科学精神和科技伦理意识

信息科技课程强调科学原理的学习和实践应用，同时注重培养学生的科技伦理意识，引导学生在使用信息科技解决问题的过程中遵守道德规范和科技伦理。

3. 培育社会主义核心价值观

通过信息科技课程，学生能够了解信息技术对国家发展和社会进步的重要作用，增强民族自豪感和国家认同感，培育社会主义核心价值观。

4. 树立总体国家安全观

信息科技课程强调信息安全的重要性，通过学习如何保护个人隐私和数据安全，学生能够树立总体国家安全观，增强维护国家信息安全和网络安全的意识。

5. 促进跨学科学习与创新

信息科技课程涉及数学、物理、地理等多学科知识，通过跨学科主题学习活动，学生能够整合不同学科知识，提升综合实践能力和创新精神。

6. 增强社会责任感

信息科技课程不仅关注个人技能的培养，还注重培养学生的社会责任感，使学生能够合理使用信息科技，对社会负责，为他人着想。

综上所述，信息科技学科的育人价值在于全面提升学生的数字素养与技能、培养科学精神和科技伦理意识、培育社会主义核心价值观、树立总体国家安全观、促进跨学科学习与创新、增强社会责任感。

第二节 信息科技课程的现状与挑战

目前，信息科技课程在我国教育体系中扮演着越来越重要的角色，同时，也面临着一些挑战和问题。

首先，随着信息技术的迅猛发展，信息科技课程的内容不断更新和拓展。如今的信息科技课程已经不仅仅局限于计算机基础知识和操作技能的教学，更多地涉及编程、数据分析、人工智能等前沿技术领域的教学。这为学生提供了更广阔的学习空间，有助于培养他们的创新思维和实践能力。然而，这种快速的内容更新也给教师带来了挑战，需要教师不断地学习和更新自己的知识储备，以适应新的教学需求。

其次，信息科技课程的教学手段和方法在不断改进和创新。传统的课堂教学已经不再是唯一的教学模式，线上教学、混合式教学等新型教学模式逐渐兴起。这些教学模式充分利用了现代科技手段，使得学习更加灵活、便捷和高效。这对教师的信息技术应用能力提出了更高的要求，需要教师熟练掌握各种教学工具和平台，以提高其教学效果。

此外，信息科技课程的评价体系也在逐步完善。过去，信息科技课程的评价主要侧重于知识技能的考核，现在则更加注重学生的综合素质和创新能力的评价。这种评价体系的转变有助于激发学生的学习兴趣和动力，培养他们的创新思维和实践能力。但是，如何科学、客观地评价学生的创新能力和综合素质，仍然是当前信息科技课程评价所面临的一个重要问题。

尽管信息科技课程在不断发展和创新，但仍然存在一些亟待解决的问题。其中，最主要的是课程资源和师资力量的不足。由于信息科技课程的特殊性，需要大量的硬件和软件资源支持，但目前许多学校的资源配置仍然不足，影响了课程的教学效果。同时，高素质的信息科技教师也相对匮乏，一些教师的信息技术应用能力和专业素养有待提高。另外，学生对信息科技课程的兴趣和参与度也是当前的一个重要问题。由于信息科技课程内容的复杂性和抽象性，一些学生可能感到难以理解和掌握，从而失去学习的兴趣和动力。因此，如何激发学生的学习兴趣和积极性，提高他们的学习效果，是信息科技课程教学中需要重点关注的问题。

综上所述，目前信息科技课程在不断发展和创新的同时，也面临着诸多挑战和问题。为了适应新的教学需求和提高教学效果，需要加强课程资源和师资力量的建设，改进教学手段和方法，完善评价体系，并注重激发学生的学习兴趣和积极性。只有这样，才能更好地培养学生的创新思维和实践能力，为他们的全面发展打下坚实的基础。

第三节 创新素养的关键要素

创新素养是一个多维度的概念，它涉及个人在创新过程中所需的知识、技能、态度和价值观。以下是对创新素养定义的几个关键要素：

一、知识基础

创新素养是现代社会对人才的重要要求之一，它涵盖了多个方面，其中知识基础是不可或缺的一环。对于想要培养创新素养的个人来说，具备一定的基础知识是至关重要的。这种知识基础并不仅仅局限于某一特定领域，而是要求对特定领域或跨学科知识有深入的理解。这意味着，一个人不仅需要掌握本专业的核心知识，还需要对其他相关领域有所了解，以便能够从多角度、多层次地思考问题。

除了对专业知识及跨学科知识的掌握，创新素养还要求个人对创新过程和方法有一定的了解。创新并非凭空而来，而是需要遵循一定的规律和方法，包括如何发现问题、提出问题、分析问题以及解决问题，这能够帮助个人更加高效地进行创新活动；同时，掌握一些常用的创新方法，如头脑风暴、逆向思维等，可以激发个人的创新思维，提高创新能力。

因此，要培养创新素养，个人必须注重知识基础的积累。这不仅包括深入学习和理解特定领域的知识，还包括对创新过程和方法的掌握。只有这样，个人才能在创新活动中游刃有余，不断提出新的想法和解决方案，推动社会的进步和发展。

二、思维能力

在创新素养的诸多要素中，思维能力特别是创新思维，无疑处于核心地位。创新思维是一个综合性的概念，它涵盖了多种思维方式，其中较为重要的是批判性思维、创造性思维和问题解决能力。

批判性思维是创新思维的基础。它要求个人能够理性地分析问题，不仅接受信息的表面价值，更要深入探讨其背后的逻辑和依据。具备批判性思维的人，能够从不同角度审视问题，不盲目接受现有观点或解决方案，而是通过自己的分析和判断，形成独立的见解。

创造性思维则是创新思维的灵魂。它鼓励个人打破常规，挑战传统，勇于提出新颖的想法和观点。创造性思维不仅要求个人具备丰富的想象力和创造力，更需要有一种勇于尝试、不怕失败的精神。通过这种思维方式，个人能够不断探索新的可能性，为问题的解决提供全新的视角和方法。

问题解决能力是创新思维的最终体现。它要求个人在面对问题时能够灵活运用各种思维方式和知识技能，找到切实可行的解决方案。这不仅需要个人具备扎实的知识基础，更需要有一种灵活变通、勇于实践的精神。通过不断锻炼和提高问题解决能力，个人将能够更好地应对各种复杂问题，为社会的发展和进步做出贡献。

创新思维是创新素养的核心，它要求个人具备批判性思维、创造性思维和问题解决能力。通过培养和提高这些思维能力，个人将能够更好地适应不断变化的社会环境，不断提出新的想法和解决方案，推动社会的进步和发展。

三、技能掌握

创新素养不仅仅局限于思维层面的培养，更包括一系列实用技能的掌握。这些技能对于将创新思维转化为实际成果至关重要。

首先，沟通能力是创新过程中不可或缺的一项技能。有效的沟通能够确保团队成员之间的信息交流畅通无阻，减少误解和冲突。一个优秀的创新者必须能够清晰、准确地表达自己的观点和想法，同时也能善于倾听他人的意见，从而在团队中营造良好的合作氛围。

其次，团队合作能力也是创新素养的重要组成部分。在创新项目中，往往需要多个领域的专家共同参与，因此，团队成员之间的协作能力就显得尤为重要。一个优秀的团队，成员应该懂得如何与他人配合，发挥各自的优势去解决问题，推动项目的进展。

再次，项目管理能力也是创新者必备的技能之一。创新项目往往涉及多个环节和多个阶段，需要有一个明确的计划和目标。项目管理能力能够帮助创新者有效地规划项目进度，合理分配资源，确保项目能够按时、高质量地完成。

最后，使用各种工具和技术的能力也是创新素养中不可忽视的一项能力。随着科技的不断发展，越来越多的工具和技术被应用到创新过程中。一个具备创新素养的人应该能够熟练掌握这些工具和技术，从而提高工作效率，优化创新流程。

创新素养不仅要求个人具备出色的思维能力，还需要掌握一系列实用技能。这些技能包括沟通能力、团队合作能力、项目管理能力以及使用各种工具和技术的能力。通过不断提升这些技能，个人能够在创新过程中更加游刃有余，为推动社会的发展和进步贡献自己的力量。

四、态度与价值观

在构成创新素养的众多要素中，态度与价值观是深层次且至关重要的一个要素。它们不仅塑造了个体对创新活动的看法和参与方式，更在很大程度上决定了个体在面对挑战与不确定性时的反应和行动。

好奇心是创新态度的基石。一个充满好奇心的人，总是对未知充满渴望，愿意深入探索事物的内在规律和联系。这种好奇心驱使下的探索精神，是推动个体不断创新的重要动力。

冒险精神则体现了在创新过程中个体勇于尝试、不惧失败的态度。创新往往伴随着风险，但具备冒险精神的个体更愿意接受挑战，甚至在失败后也能迅速调整策略，再次出发。

开放性意味着个体愿意接纳不同的观点、文化和思维方式。在多元化的时代背景下，这种开放性有助于个体从更广阔的视角审视问题，从而发现新的创新机会。

坚持则是在创新过程中不可或缺的品质。创新往往需要时间、努力和耐心的投入，而坚持能够确保个体在遭遇困难和挫折时依然能够保持初心，继续前行。

责任感则是个体对自己创新行为的后果负责的态度。一个具备责任感的创新者，不仅会关注创新成果的商业价值，更会考虑其对社会、环境的长远影响。

态度与价值观在创新素养中占据着举足轻重的地位。它们共同构成了个体在面对挑战和不确定性时保持积极和持续探索的心理基础。通过培养和强化这些态度与价值观，我们可以更好地激发个体的创新潜能，推动社会的持续发展和进步。

五、学习与适应能力

在当今这个日新月异的时代，快速变化已成为世界的常态。因此，创新素养的一个重要方面就是学习与适应能力。这不仅仅是指个人能够迅速地掌握新的知识和技能，更重要的是能够在不断演变的环境中灵活调整自己的思维和行为，以适应新的挑战和机遇。

快速学习新知识、新技能是创新素养的基石。随着科技的飞速发展，新的知识和技术层出不穷。一个人如果要保持竞争力，就必须具备快速学习的能力，以便及时跟上时代的步伐。这种学习能力不仅包括对新知识的理解和吸收，还包括将新知识转化为实际操作的能力，以及在实践中不断优化和完善自己的知识体系。

与此同时，适应新环境和新情况也是创新素养中不可或缺的一部分。在快速变化的世界中，个人可能会面临各种各样的新环境和新挑战。一个具备良好适应能力的人，能够在这些新环境中迅速找到自己的定位，调整自己的状态，以最佳的方式应对各种变化。这种适应能力不仅要求个人具备灵活的思维和敏锐的洞察力，还需要有一种勇于面对变化、敢于接受挑战的精神。

总的来说，学习与适应能力是创新素养中的重要组成部分。在快速变化的现代社会中，只有那些能够快速学习新知识、新技能，并适应新环境和新情况的人，才能在激烈的竞争中脱颖而出，成为真正的创新者。因此，我们应该注重培养自己的学习与适应能力，以便更好地应对未来的挑战和机遇。

六、跨学科能力

在当今这个知识爆炸的时代，单一学科的知识已经难以满足解决复杂问题的需求。创新，这一推动社会进步的重要力量，往往孕育于不同学科和领域的交叉融合之中。因此，跨学科能力成为创新素养中不可或缺的一个要素。

跨学科能力，简而言之，就是个人能够理解与整合不同领域的知识和技能的能力。这种能力使得个人能够多角度、多层次地审视问题，进而发现新的解决方案和创新点。在创新活动中，具备跨学科能力的人更能够打破思维定式，将不同领域的知识进行有机融合，从而催生出全新的创意和想法。

具体来说，跨学科能力包括对不同学科基础知识的理解，如数学、物理、化学、生物、经济等，以及掌握这些学科的基本研究方法和技能。同时，它还要求个人具备一种跨学科的思维方式，能够自觉地将不同学科的知识进行联系和整合，以形成更为全面和深入的认识。

在培养跨学科能力的过程中，个人需要广泛地涉猎不同领域的知识，积极参与跨学科的研究和实践活动，不断拓宽自己的视野和思维。通过这样的锻炼，个人将逐渐形成一种开放的、多元化的知识体系，为创新活动提供源源不断的灵感和支持。

跨学科能力是创新素养中的重要组成部分。它要求个人能够理解和整合不同领域的知识和技能，以便在创新活动中发挥更大的作用。通过培养和提升跨学科能力，我们将能够更好地应对复杂问题，推动社会的持续进步和发展。

七、社会文化意识

在全球化日益加速的今天，社会文化意识在创新素养中的地位愈发凸显。创新不再是孤立的技术或理念突破，而是需要与社会文化背景紧密相连，以满足不同群体、不同地区的需求。

社会文化意识，首先体现在对社会多样性和文化差异的深刻理解上。一个具备高度创新素养的人，必须能够洞察不同社会群体的特点、需求和期望，这包括但不限于种族、性别、年龄、宗教信仰、教育背景等方面。这种理解能够帮助创新者在设计产品或服务时，更加精准地把握目标受众，从而创造出更符合市场需求、更具包容性的解决方案。

同时，对社会文化背景的敏感性也有助于创新者在创新过程中融入更广泛的观点和见解。一个多元化的团队能够激发更多的创意火花，而具备社会文化意识的创新者则能够更有效地整合这些不同的声音，推动项目的全面发展。

此外，重视多样性和包容性不仅有助于增加创新过程的丰富性，还能增强创新成果的可持续性。在全球化背景下，一个能够兼顾不同文化背景和需求的创新项目，更有可能获得广泛的认可和支持，从而实现长远的成功。

因此，社会文化意识是创新素养中不可或缺的一环。它要求创新者具备对社会文化背景的深刻理解，能够在创新过程中考虑到更广泛的观点和需求，从而创造出更加贴近市场、更具包容性和可持续性的创新成果。通过不断提升社会文化意识，我们将能够推动创新活动在更加广阔的领域中蓬勃发展，为社会的进步和发展贡献更多的力量。

八、伦理与责任感

在追求创新的道路上，伦理与责任感是不可或缺的要素。创新并非单纯追求新颖和有效性，更重要的是在推动科技进步与社会发展的同时，深刻考虑到其伦理和社会影响。这种对创新的全面审视，体现了个人在创新过程中的成熟与责任感。

伦理意识在创新中起着至关重要的作用。它要求个人在创新活动开始前就深入思考并评估其可能带来的伦理问题。例如，在科技领域，一些新兴技术如人工智能、基因编辑等，虽然具有巨大的发展潜力，但同时也伴随着诸多伦理挑战。具备高度创新素养的个人，会自觉地将伦理原则融入创新实践中，确保科技的发展不会侵犯人权、隐私和公共安全。

此外，创新过程中的责任感也至关重要。一个具备责任感的创新者，不仅会关注创新成果的商业价值，更会充分考虑其对社会和环境的长期影响，他们会在创新活动的每一个环节都力求做到对环境友好、对社会有益，努力将负面影响降至最低。这种责任感不仅体现在对创新成果的负责上，更体现在对整个社会和环境的尊重与关怀上。

因此，伦理与责任感是创新素养中不可或缺的重要组成部分。它们要求个人在追求创新的同时，始终保持对社会、环境和伦理的深刻思考与负责态度。只有这样，我们才能确保创新活动在推动社会进步的同时，也能维护人类社会的共同利益和价值观。

（九）领导能力与影响力

在创新领域，领导能力与影响力不仅是让团队有效协作的关键因素，更是推动创新项目从构想到实现的重要驱动力。创新素养中的领导能力与影响力，具体指的是个体所具备的能够激励和引导他人积极参与创新过程的能力，以及通过创新为团队、组织乃至社会带来积极变革的技巧。

首先，领导能力在创新过程中发挥着核心作用。一个优秀的创新领导者，不仅要有清晰的愿景和战略方向，还要能够激发团队成员的热情和创造力，使大家能够齐心协力地朝着共同的目标前进。这样的领导者懂得如何根据团队成员的特长和兴趣来分配任务，确保每个人都能在自己的领域内发挥最大的潜能。

其次，影响力是领导者在创新过程中不可或缺的另一重要素质。通过言行和决策，领导者能够在团队内部树立榜样，传播创新的文化和价值观。一个具有影响力的领导者，能够吸引并留住人才，为团队创造一个积极向上、充满创意的工作环境。

此外，通过创新产生积极影响也是领导能力与影响力的重要体现。创新不仅仅是为了追求技术上的突破或商业上的成功，更重要的是它能够为社会带来实实在在的好处。一个具备高度创新素养的领导者，会时刻关注创新项目对社会、环境以及人类福祉的潜在影响，努力确保创新的成果能够惠及更广泛的人群。

领导能力与影响力是创新素养中不可或缺的一部分。它要求个体不仅具备激励和引导团队的能力，还要通过创新为社会带来积极的影响。通过不断培养和提升自己的领导与影响力，个体将能够在创新领域发挥更大的作用，推动团队和社会不断向前发展。

当然，创新素养的定义不是固定不变的，它随着社会的发展和技术的进步而不断演变。教育系统、企业和个人都需要不断更新对创新素养的理解，以适应不断变化的创新环境。通过培养创新素养，个人可以更好地适应未来社会的需求，为社会的进步和发展做出贡献。

第四节　信息科技课程与创新素养培育

一、在信息科技课程中培养学生创新素养的必要性

在信息科技课程中培育学生的创新素养，是当今社会发展和教育改革的必然要求，也是适应数字化时代挑战、培养未来创新型人才的重要途径。创新素养作为学生综合素养的重要组成部分，不仅关乎个人的成长与发展，更关乎国家和民族的未来。

第一，随着科技的飞速发展和信息化时代的到来，传统的学习和工作方式正在发生深刻变革。信息科技作为现代科技的重要领域，其发展和应用日益广泛，不仅极大地推动了社会生产力的发展，也深刻改变了人们的生活方式、思维方式和学习方式。因此，培育学生的创新素养，使其能够适应这一变革，成为能够运用信息科技进行创造性思维和实践活动的新型人才，是信息科技课程的重要使命。

第二，创新是推动社会进步的重要动力。在信息科技领域，创新尤为重要。只有通过不断创新，才能推动信息科技的不断进步，才能解决信息技术发展过程中的各种问题和挑战。而学生作为未来的社会建设者和接班人，他们的创新素养直接关系到信息科技领域的创新能力和水平。因此，在信息科技课程中培育学生的创新素养，不仅是培养学生的个人能力，更是为国家的创新能力和竞争力做出贡献。

第三，创新素养的培养有助于学生的全面发展。在信息科技课程中，通过引导学生进行自主学习、合作学习和探究学习，培养他们的创新思维和实践能力，可以帮助学生更好地理解和掌握知识，提高他们的学习效果。同时，创新素养的培养还可以激发学生的好奇心和求知欲，培养他们的探索精神和合作精神，促进他们的全面发展。这种全面发展不仅体现在知识技能的掌握上，更体现在情感、态度和价值观的培养上。

第四，信息科技课程具有独特的优势和条件来培养学生的创新素养。信息科技课程是一门实践性很强的课程，通过实验、模拟、仿真等方式，可以让学生在实践中发现问题、解决问题，培养他们的创新思维和实践能力。同时，信息科技课程还具有跨学科的特点，可以与数学、科学等其他学科相结合，通过综合实践活动来培养学生的创新素养。这种跨学科的教学方式可以更好地培养学生的综合素质和创新能力。

第五，培养学生的创新素养是教育改革的必然要求。随着教育改革的不断深入，传统的教育观念和教学方式正在发生深刻变革。新的教育理念强调以学生为中心，注重培养学生的创新精神和实践能力。而信息科技课程作为新课程改革的重要学科之一，更应该积极响应这一要求，通过改革教学内容和教学方式来培养学生的创新素养。这种改革不仅可以

提高信息科技课程的教学质量和效果，还可以为其他学科的改革提供有益的借鉴和参考。

综上所述，在信息科技课程中培育学生的创新素养非常必要。这不仅有助于学生适应信息化时代的发展需求，提高个人的综合素质和创新能力；还有助于推动信息科技领域的创新和发展；更有助于学生的全面发展和教育改革的深入推进。因此，我们应该高度重视在信息科技课程中培育学生的创新素养，采取有效措施来加强这一方面的培养。

二、在信息科技课程中培养学生创新素养的可行性

在信息科技课程中培育学生的创新素养是切实可行的。

（一）核心素养与创新素养的关系

根据《义务教育信息科技课程标准（2022年版）》，信息科技课程要培养的核心素养主要包括信息意识、计算思维、数字化学习与创新、信息社会责任。这四个方面互为支撑，共同促进学生数字素养与技能的提升。其中，数字化学习与创新这一核心素养直接关联学生的创新素养培养。数字化学习与创新不仅要求学生能够运用数字化工具和技术进行学习，更要求学生在这一过程中展现出创新精神，能够发现问题、分析问题、创造性地解决问题。

（二）课程理念与创新素养培养

信息科技课程以数字时代正确育人方向为指导，旨在培养学生在使用信息科技解决问题的过程中遵守道德规范和科技伦理，同时注重学生的创新素养培养。课程通过构建逻辑关联的课程结构引导学生系统学习信息科技知识，掌握基本技能，为创新素养的培养奠定坚实基础。

（三）教学提示与创新素养培养

在信息科技课程教学中，可以通过多种方式来培养学生的创新素养。首先，引导学生寻找和发现身边的人工智能应用，通过分析这些应用中的技术基础和实现方式，激发学生探索新知识的兴趣和热情。例如，通过分析语音识别、图像识别等人工智能技术的应用案例，让学生理解技术的创新点和价值所在，从而激发其创新意识。

其次，鼓励学生利用所学知识进行实践探索和创新实践。通过设计项目式学习、探究式学习等教学活动，让学生在实践中发现问题、分析问题、解决问题。在这个过程中，教师要注重引导学生关注问题的本质和解决方案的创新性，鼓励学生勇于尝试新的思路和方法。

此外，教师还可以借助数字化平台、工具和资源来促进学生的创新素养培养。例如，利用在线编程平台、虚拟实验室等工具，让学生进行自主学习和探究性学习；利用大数据、云计算等技术手段，为学生提供更多的实践机会和创新空间。

（四）评价与创新素养培养

在信息科技课程评价中，应注重对学生创新素养的考查和评估。通过综合运用多种评价方式（如作品评价、过程性评价、终结性评价等），全面考查学生在创新方面的表现。同时，要注重评价结果的反馈和应用，根据评价结果及时调整教学策略和方法，促进学生创新素养的持续提升。

在信息科技课程中培育学生的创新素养是可行的且必要的。通过构建逻辑关联的课程结构、设计富有挑战性的学习任务、借助数字化平台和技术手段以及注重教学评价的多元化和全面性等方式，可以有效促进学生的创新素养培养。未来，随着信息科技的不断发展和普及，信息科技课程将在培养学生创新素养方面发挥更加重要的作用。

第五节　项目化学习的理论基础

项目化学习（project based learning，PBL）起源于20世纪初杜威的"从做中学"理念，现已成为中国教育改革的重要方向。在国家有关政策的推动下，项目化学习正逐步渗透到一线中小学的教学实践中，成为深化课程教学改革、落实实践育人要求的关键途径。这种教学模式鼓励学生从真实问题出发，通过探究和创造性地解决问题，形成具有实际意义的项目成果，从而激发学生的学习兴趣，培养他们的自主学习能力。

随着地方教育部门，如上海市教委的积极实践，项目化学习已被纳入教学体系，并计划在未来几年内实现全覆盖。在这一过程中，教师的角色至关重要，他们不仅需要设计和引导项目，还要在评价学生的学习成果时，注重形成性和过程性的评价，以促进学生认知、情感和劳动体验的全面发展。

2022年版的义务教育信息科技新课标与项目化学习两者是相辅相成的。信息科技新课标提倡以核心素养为教学导向，强调学科实践和跨学科整合，而项目化学习正是一种能够实现这些教学理念的有效手段。它通过真实情境下的问题解决，不仅培养学生的实践能力，还促进了学生综合运用知识解决问题的能力，这与新课标中强调的学科实践和综合性教学活动不谋而合。新课标鼓励教学方式的创新，项目化学习以其开放性和探究性的特点，为学生提供了一个自主探索和深入学习的平台，有助于激发学生的创新思维和主动学习能力。此外，信息科技课程标准的更新，特别强调了信息技术的应用，项目化学习中学生可以积极利用信息技术资源，提升自身的信息素养和数字技能。

信息科技新课标对课程内容的更新，反映了教育与时俱进的需求，项目化学习能够灵活地将最新科技和社会发展趋势融入教学中，确保教学内容的时效性和前瞻性。总体而言，项目化学习与新课标共同推动了教育模式的现代化，为培养适应未来社会的创新型人才奠定了基础。

一、项目化学习的核心理念

项目化学习是一种以学生为中心的、以探究为基础的教育方法，它强调通过真实世界的项目来促进深度学习和技能发展。以下是项目化学习的核心理念：

（一）真实性

真实性是项目化学习的核心理念之一，它要求学习活动与现实世界的问题和情境紧密相关。这种学习方式强调学生通过解决实际问题来获得知识和技能，从而更好地理解学习内容的实际应用和重要性。真实性不仅提高了学生的学习动机，而且帮助他们建立起知识与现实世界之间的联系。

在信息科技学科中，真实性可以通过设计与现实生活紧密相关的项目来体现。例如，做一个中学信息科技课程中的项目——开发一个本地社区信息平台。在这个项目中，学生需要利用其对网页设计、数据库管理和编程语言的知识来创建一个能够服务于社区成员的在线平台。

项目开始时，教师可以引导学生进行社区调研，了解社区成员的需求和期望。学生需要考虑如何设计用户友好的界面，如何收集和存储用户数据，以及如何确保信息的安全性。这些任务不仅涉及技术技能，还涉及沟通、团队合作和问题解决等技能。

在项目实施过程中，学生可能会遇到各种挑战，例如，如何优化数据库查询以提高平台性能，或者如何设计一个能够适应不同屏幕尺寸的响应式网页。这些挑战迫使学生运用创造性思维，寻找解决方案，并在实践中学习新技能。

最终，学生将向社区成员展示他们的平台，并收集社区成员的反馈。这个过程不仅让学生体验到从概念到实现的完整开发周期，而且还让他们了解到技术如何服务于社会，增强了他们对信息技术在现实世界中作用的认识。

通过这个项目，学生不仅学习了编程、网页设计和数据库管理等技术技能，而且通过解决一个真实世界的问题，他们对这些技能的实际应用有了深刻的理解。这种学习经验有助于学生建立起对信息技术在现代社会中重要性的认识，并激发他们继续探索和创新的热情。

此外，这个项目还可以进一步扩展，例如，通过整合社交媒体功能，学生能够了解如何利用技术促进社区参与和交流。或者，学生可以探索如何使用数据分析工具来收集用户反馈，并对平台进行持续改进。

总之，通过将学习活动与现实世界的问题联系起来，PBL 的真实性原则为学生提供了一个深入学习的机会，使他们能够在解决实际问题的过程中发展关键的知识和技能。这种学习方式不仅提高了学生的参与度和动机，而且为他们的未来学术和职业生涯打下了坚实的基础。

（二）学生中心

在 PBL 的教学模式中，学生不再是传统意义上的知识接受者，而是成为学习的主导者。这种转变不仅提升了学生在学习过程中的主动性和参与度，更培养了他们的自主学习能力和批判性思维。

在 PBL 的实践中，学生有权利也有责任选择或被赋予项目主题。这一过程中，他们不是被动地接受知识，而是主动地探索和发现。学生根据自己的兴趣和能力，选择合适的项目主题，这使得学习更具针对性和实效性。

一旦确定了项目主题，学生就需要规划学习路径。他们需要思考如何有效地获取和整合信息，如何与团队成员合作，以及如何解决在项目实施过程中遇到的问题。这一过程中，学生不仅提升了问题解决能力，还培养了团队合作和领导能力。

同时，学生在 PBL 中需要做出一系列决策。这些决策可能涉及资源的分配、时间的管理，以及项目进度的把控等。通过这些决策，学生学会了如何在复杂情境中权衡利弊、如何做出最优选择。

最终，学生对自己的学习负责。他们清楚地知道，学习的成果取决于自己的努力和决策。这种责任感促使学生更加认真地对待学习，更加积极地寻求进步。在 PBL 中，学生中心的理念得到了充分的体现，学生的自主学习能力和综合素质得到了全面的提升。

（三）深度学习

PBL 不仅是一种教学方法，更是一种教育理念，其核心目标就是促进学生的深度学习。深度学习并非简单地指学习的深度或难度，而是强调学生在学习过程中能够超越表面的记忆和理解，深入到知识的本质和内涵。

在 PBL 中，学生面对的是真实、复杂的问题情境，需要他们通过自主学习、合作探究来寻找解决方案。这种学习方式要求学生不仅理解知识的表面意义，更要理解其背后的原理、逻辑和结构，从而达到真正掌握和灵活运用的程度。

深度学习的层次包括理解、应用、分析、综合和评价。在理解层面，学生需要能够解释和阐述所学知识的基本概念和原理；在应用层面，他们需要将所学应用到实际情境中去解决具体问题；在分析层面，学生需要能够拆解问题，识别各要素之间的关系；在综合层面，他们需要整合所学知识，形成新的观点或解决方案；在评价层面，学生则需要对所学知识和解决方案进行批判性思考，判断其优缺点和适用性。

PBL 通过真实的问题情境、自主地学习和合作探究，通过教师的引导和反馈，有效地促进学生的深度学习。学生在这个过程中不仅能够获得知识和技能，更能够培养批判性思维、创新能力和解决问题的能力，为未来的学习和生活奠定坚实的基础。

（四）技能整合

PBL 的独特之处在于它不仅仅关注学科知识的传授，更注重学生在实际问题解决过程中对多种技能的整合与提升。在 PBL 过程中，学生通常需要综合运用多种技能，包括批判性思维、有效沟通、团队合作、创新思维以及问题解决能力等。

首先，批判性思维是 PBL 中不可或缺的技能。在面对复杂问题时，学生需要学会批判性地分析信息，评估各种解决方案的优劣，从而做出明智的决策。这种思维方式不仅有助于学生在学术上的发展，更对他们未来职业生涯中的判断和决策能力至关重要。

其次，沟通能力在 PBL 中也显得尤为重要。学生需要清晰地表达自己的想法和观点，与团队成员有效地交流和协作。通过不断地实践，学生的口头表达能力、倾听能力以及非语言沟通技巧都会得到显著提升。

再者，团队合作是 PBL 中的核心技能之一。在解决问题的过程中，学生需要学会与不同背景的人合作，共同为达成目标而努力。这不仅培养了学生的团队协作精神，还增强了他们的包容性和领导力。

此外，PBL 鼓励学生发挥创新精神，尝试用新颖的方法解决问题。在这种学习环境中，学生的创造力得到了充分的激发和培养，他们学会了从不同角度思考问题，寻找独特的解决方案。

PBL 重点培养的是问题解决能力。通过面对真实、复杂的问题情境，学生要学会如何分析问题、提出假设、设计方案并验证其有效性。这一系列过程不仅锻炼了学生的逻辑思维能力，还提高了他们解决实际问题的能力。

（五）反思性学习

在 PBL 的教学模式中，反思被视作一个至关重要的环节。它不仅仅是对学习成果的简单回顾，更是一种深入剖析和审视自己学习过程的方式。学生被积极鼓励定期对自己的学习过程进行反思，这不仅包括对所取得的进展的总结，更包含对遇到的挑战和困难的深度思考。

反思性学习首先要求学生能够清晰地认识到自己的学习路径，这包括他们是如何获取信息、整合资源以及应用知识的。通过回顾这一过程，学生可以更加明确自己在哪些方面表现出色，哪些环节还有待提高。这种自我认知的加深有助于学生在未来的学习中更加精准地定位自己的需求,从而更有效地学习。

同时,反思也涉及学生对自己学习成果的评估。他们不仅需要评价自己是否达到了预期的学习目标,还要思考这些成果背后的原因。这种评价方式有助于学生发现自己在知识掌握和技能运用上的不足之处,进而激发他们改进和提升自己的动力。

此外,面对学习过程中遇到的挑战和困难,反思性学习同样发挥着重要作用。学生被鼓励坦诚地面对自己的不足,勇敢地剖析问题所在,并寻求解决之道。这种勇于面对挑战的精神是学生在学习过程中不断成长的关键。

总的来说,反思性学习在PBL中扮演着举足轻重的角色。它不仅帮助学生更加清晰地认识自己的学习过程和成果,还促使他们在面对挑战时能够积极寻求改进和突破。通过持续地反思,学生可以在PBL的学习环境中不断成长,最终实现自我超越。

(六)协作学习

PBL不仅是一种个人学习和探索的过程,更是一种团队协作的历练。在PBL的教学模式中,团队工作通常是不可或缺的一部分。学生们被分成若干个小组,他们与同伴紧密合作,共同完成学习任务和项目。

在协作学习的过程中,学生们被鼓励共享资源,这不仅包括物质资源如书籍、资料,更包括彼此的知识、经验和观点。通过资源的共享,团队成员能够更全面地了解问题,从而为解决问题提供更丰富的视角和思路。

交流想法是协作学习的另一重要环节。在团队中,每个学生都是独特的个体,他们拥有不同的背景和思维方式。通过充分的交流和讨论,学生们能够相互启发,发现新的思考角度,进而丰富和深化对问题的理解。

最终,团队协作的目标是共同解决问题。在这个过程中,学生们需要学会如何协调不同的观点,如何分工合作,以及如何达成共识。这些技能的培养不仅有助于学生在学术上的进步,更将对他们未来的职业生涯产生深远的影响。

协作学习不仅提升了学生的学习效果和问题解决能力,更培养了他们的团队合作精神和沟通协调能力。这些技能将成为学生未来成功的关键。

(七)创新与创造力

PBL教学模式深受教育界推崇,其中一个重要原因就是它鼓励学生发挥创造力,敢于挑战传统思维模式。在这种学习环境中,学生不再是被动的知识接受者,而是成为探索和创新的主体。

PBL的核心在于通过真实、复杂的问题情境来激发学生的学习兴趣和探究欲望。面对这些问题,学生需要运用所学知识,发挥想象力和创造力,提出新颖的想法和解决方案。这种学习方式不仅让学生在学习中获得了成就感和满足感,更重要的是培养了他们的创新思维。

在PBL中,教师会引导学生从不同角度审视问题,鼓励他们勇于尝试、敢于创新。学生们通过小组讨论、头脑风暴等方式,集思广益,激发灵感,共同寻找问题的创新性解决方案。这种合作与探究的学习过程,不仅锻炼了学生的思维能力,还培养了他们的团队协作精神和创新意识。

创新与创造力是当今社会发展的核心驱动力。PBL通过培养学生的创新思维和创造力,为他们未来在学术、职业等各个领域取得成功奠定了坚实基础。同时,这种学习方式也有助于学生形成独立思考、勇于挑战的品质，成为具备高度创新精神和创造力的优秀人才。

（八）跨学科学习

PBL 教学模式的独特魅力之一，就是其常常跨越多个学科领域的特点。在这种学习模式下，学生不再局限于某一学科的框架内，而是有机会探索并理解不同学科之间的内在联系。

跨学科学习在 PBL 中得到了淋漓尽致的体现。通过面对真实、复杂的问题，学生被引导去发掘和理解各个学科之间的交叉点。他们不仅能看到数学、科学、社会科学、语言和文学等不同学科之间的联系，更能深刻体会到这些联系如何共同作用于问题的解决。

在 PBL 的实践中，学生需要整合来自不同领域的知识和技能。这种整合不是简单的堆砌，而是要求学生在深入理解各个学科知识的基础上找到它们之间的共通之处，形成更加全面、综合的解决方案。这一过程不仅锻炼了学生的综合分析能力，更培养了他们的创新思维和解决问题的能力。

跨学科学习帮助学生打破了传统学科界限，使他们能够以更加开阔的视野去看待问题。这种学习方式不仅提升了学生的学习效果，更为他们未来的发展奠定了坚实的基础，使他们能够更好地适应这个多元化、复杂化的世界。

（九）公开展示

在 PBL 的教学模式中，公开展示环节具有特殊的意义和价值。它不仅是对学生学习成果的一种检验，更是提升学生沟通表达能力、增强学习动力的有效方式。

PBL 通常以某种形式的公开展示作为结束的标志。这为学生提供了一个宝贵的平台，让他们有机会向同学、教师或更广泛的社区展示自己的工作成果。通过公开展示，学生可以将自己在项目中所学到的知识、所付出的努力以及所取得的成果，以直观、生动的形式呈现出来。

在公开展示的过程中，学生需要精心准备展示内容，设计合理的展示结构，选择合适的展示方式，以确保能够有效地传达自己的思想和观点。这一过程不仅锻炼了学生的组织能力和表达能力，还培养了他们的自信心和责任感。

同时，公开展示也是学生之间相互学习、交流的重要机会。通过观看其他同学的展示，学生可以从中汲取灵感，拓宽自己的视野，进一步激发自己的学习热情和创造力。

此外，向教师或更广泛的社区展示工作成果，还有助于学生获得更多的反馈和建议。这些宝贵的意见可以帮助学生更好地认识自己的优点和不足，为今后的学习和发展指明方向。

公开展示是 PBL 教学模式中不可或缺的一环。它为学生提供了一个展示自我、交流学习的平台，有助于提升学生的综合素养，培养他们的自信心和表达能力。

项目化学习的核心理念是创建一个支持学生主动学习、深入探究和全面发展的教育环境。通过 PBL，学生能够发展关键的技能，并为未来的学术和职业生涯做好准备。

二、项目化学习的理论基础

（一）心理学基础：有关学习者的研究

发展心理学的研究表明，只有当知识与知识建立起联结时，学习才真正发生。儿童通常是以自己的生活经验和生活环境为基础去认识外界，且这种方式通常是整体的、模糊的。脑科学有关学习的研究也表明大脑的记忆系统能长期记住的往往是完整的影像，且这些完整的结构更有利于意义的生成。同时，大脑具有同时处理与组织众多事情的能力，通过这种能力，人类得以完整地认识世界。

心理学有关人类学习方式的研究，不仅证明统整性的学习方式更有利于真正学习的发生与意义的建构，而且证明统整性学习是一种人类重要的能力。

（二）知识论基础：有关知识的研究

知识是课程设计的重要来源，什么知识最值得学习、知识如何才能被习得、知识的迁移与运用都是课程设计的重要依据。知识型的演进、知识增长方式的改变带来了人类知识观的变化，也带来了教育的革新与课程教学的改革。

现代知识观将科学知识看作客观、普遍、绝对的真理，它是不随人的意志而转移的，因此，当人类面对知识时，只需要去接受和记忆即可。这反映在学校课堂中则是教师讲授学生吸收的教与学方式；而后现代主义者，如波普尔、费耶阿本德、库恩等则指出知识具有多样性、相对真理性与价值性，因此，当我们面对知识时，应积极探索并批判质疑。这反映在学校课堂中则是教师应该鼓励学生将知识的客观性和普遍性与知识的文化性、情境性建立联系，以获得知识对于个体的意义。正是这样的一种知识观的转变，使得人类知识以几何的速度增长，也使得把一切知识教给学生已经成为不可能完成的任务，所以，教授学科本质、学科结构成为学校教育的呼唤。

同时，知识的发展也逐渐从19世纪、20世纪的分化走向综合，跨学科知识成为重要的知识分支领域，分科课程的合理性遭到质疑。而统整课程则反映了人类知识增长的趋势，反映了影响人类知识增长因素的复杂性，也反映了知识与社会生活关系的整体性。

（三）社会学基础：有关社会期望的研究

学校外部环境的深刻变化对课程发展的影响主要体现在教育要培养适应社会发展的人，因此，课程要关注学生在以后的生活中将可能面临什么，关注学生基本生存所需要的知识与技能，关注学生个人价值与社会价值的实现。

20世纪后半叶，科学技术的飞速发展，不仅带来了工具的革新，更带来了人类认知的革新，人类生活也随之改变。社会问题的复杂化、人工智能的机遇与挑战、文化的多元性、民主意识的觉醒、地球村的联动性都对传统的学校教育提出了挑战，要求课堂教学走出学校，建立其与社区、社会的联系，将知识教学、实践运用与问题解决相结合，在学习方式上鼓励采用探究式、发现式、合作式、批判式的学习方式，关注有利学生终身发展的知识、能力与价值观念的建构。[1]

---

[1] 陈倩. 大概念统整的学科项目化学习设计研究［D］. 成都：四川师范大学，2020.

第二章 项目化学习设计与实施

第一节 项目化学习的实施现状

随着教育改革的深入,项目化学习已经被越来越多的学校所采纳。项目化学习作为一种新型教学模式,其优势在于能够调动学生的学习兴趣,促进学生综合运用知识解决问题的能力,培养学生的核心素养。这种教学方式强调学生在真实情境中进行探究,创造性地解决问题,并形成项目成果,有助于学生建立自主学习的内驱力。

然而,项目的目标定位可能不够清晰,活动可能与学习目标有所偏离,内容方面可能缺乏足够的"驱动性",以及项目对相关领域基础知识的支持不足。[1] 此外,教师的专业发展、教学资源的整合、评价体系的构建等都是实施过程中需要关注的问题,主要表现在:

(1)目标定位不清晰。例如,在设计一个关于"智能机器人"的项目时,如果目标仅定位于"制作一个机器人",而没有具体到机器人的功能、应用场景或技术要求,学生可能会在实现过程中迷失方向,不清楚应该达到的具体标准是什么。

(2)活动与学习目标偏离。以"创建学校网站"的项目为例,如果活动重点放在了网站的视觉设计上,而忽视了网站内容的组织、信息架构和用户体验,那么最终可能得到一个外观华丽但功能不实用的网站,偏离了培养学生信息组织和网络技术应用能力的目标。

(3)内容缺乏驱动性。以"开发一款手机应用"的项目为例,如果项目没有围绕一个引人入胜的问题或需求,比如解决学生日常生活中的某个具体问题,学生可能会觉得项目目缺乏吸引力,难以激发他们的创造力和解决问题的热情。

(4)教师的专业发展。教师在项目化学习中扮演着至关重要的角色[2]。以"编程教育"为例,如果教师自身对最新的编程语言和工具不够熟悉,可能难以提供有效的指导和支持,进而影响学生的学习效果。

(5)评价体系的构建。在"开源硬件"项目中,如果评价体系只关注最终产品的功能性,而忽视了学生在设计、测试和迭代过程中的学习经历和创新思维,那么评价就可能不全面,无法准确反映学生的学习成果。

尽管存在挑战,项目化学习的推广和实施仍在持续进行中,教育部门、学校和教师都在积极探索有效的实施策略,以期挖掘项目化学习在提升教育教学质量方面的潜力。

---

[1] 杨明全. 核心素养时代的项目式学习:内涵重塑与价值重建[J]. 课程·教材·教法,2021,41(2):57-63.

[2] 王超. 中小学创客教育的项目式学习活动设计探究[J]. 教学与管理,2020(6):110-112.

第二节 项目化学习的设计原则

在做项目化学习设计时,要遵循以下原则,以确保学习体验的有效性和丰富性。

一、学习者中心原则

项目化学习的设计以学习者中心原则为核心,这一理念要求教师在教学的每个环节都紧密围绕学生的需求和兴趣展开。通过深入了解学生,教师能够设计出与学生生活紧密相关的项目主题,从而激发学生的内在动机,提高他们对学习内容的兴趣和参与度。赋予学生选择学习路径和方法的自主权,教师在此过程中提供必要的指导和支持,而不是单向的指令。

这种设计不仅促进学生积极参与和进行创造性思考,而且通过小组讨论、头脑风暴等形式,锻炼了学生的团队合作和沟通技巧。教师重视学生的反馈,及时调整教学策略,确保教学活动能够满足学生的个性化需求。学生在项目中的成果展示和评价也是学习过程中的重要环节,评价机制的多样化确保了教师对每个学生学习过程的全面关注,而不仅仅是最终成果。

教师创造的支持性和包容性学习环境,能够关注学生的情感体验,确保每个学生都能在被尊重和理解的氛围中成长。这样的环境有助于学生建立自信,认识到自我价值,并促进他们进行自我反思和持续学习。项目化学习的目标超越了单一项目的完成,更在于培养学生的终身学习能力,包括批判性思维、问题解决和自我管理等关键技能,为学生未来的学术和职业生涯奠定基础。通过这种以学生为中心的教学设计,项目化学习能够引导学生成为主动的学习者,实现更有意义的学习体验。

二、真实性

项目式学习的本源特征是它的真实性。项目式学习的真实性包括真实问题、真实情境、真实学习和真实评价这四个要素[1]。真实性是项目化学习设计中不可或缺的原则,它要求教师将学习活动与学生将要面对的真实世界情境紧密相连。这种连接不仅能够提升学习的相关性和吸引力,而且能够增强学生将所学知识应用于现实问题解决的能力。

在信息科技领域,真实性可以通过多种方式体现。例如做一个关于编程的项目,可以让学生为当地社区开发一个移动应用程序,该程序的应用旨在提高居民对社区事件的参与度或促进邻里间的交流。通过这样的项目,学生不仅能够学习编程语言和技术,还能够理解技术如何服务于社区和社会需求。

再如,在环境科学项目中,学生被要求设计一个可持续的能源解决方案来应对全球变暖的问题。在这个项目中,学生需要研究不同类型的可再生能源,评估它们对环境的影响,并提出创新的解决方案。这不仅涉及科学知识的应用,还涉及对现实世界挑战的深刻理解。

这些案例展示了项目化学习中真实性原则的应用,学生通过解决真实世界的问题,不

---

[1] 胡佳怡. 真实性:项目式学习的本源[J]. 中国教师, 2019 (7): 77-79.

仅能够加深对学科知识的理解，还能够培养批判性思维、创新能力和实践技能。这种学习体验使学生能够在安全的教育环境中尝试并从中学习，为将来的职业生涯和社会生活做好准备。

三、目标明确

项目式学习首先是一种学习，其学习本质主要体现在必须有目标、有计划、有评价，强调学习者的中心地位[1]。其中，目标明确性是项目化学习设计中的基础，它确保了学习活动的方向性和教育效果的可衡量性。清晰的学习目标能够引导学生理解他们将要掌握的知识和技能，以及这些知识和技能如何与更广泛的教育目标和现实世界的应用相联系。

在设计项目时，教师首先需要确保这些目标与课程标准保持一致，反映出学生在特定学科领域应达到的知识和能力水平。例如，"身边的算法"项目的目标可能集中在提高学生的建模和问题解决能力，这直接对应核心素养中对计算思维的要求。

同时，学习目标也应该具体到足以指导学生在项目中的每一步学习。这意味着目标不仅要清晰地描述学生将要学习的内容，还要明确学生将如何展示他们的学习成果。比如，在物联网项目的创作中，目标可能包括分析互联网与物联网的异同、如何理解互联网是物联网的基础等。

此外，明确的目标有助于教师设计、评估计划，确保学生能够通过项目展示他们的学习成果。评估可以是多种形式的，包括口头报告、书面作业、创意作品或实际操作演示。例如，在互联网实践与创新应用中，学生可能需要设计一个PPT向世界介绍"我的家乡"，并通过PPT展示他们的实践探究能力。

通过设定清晰、具体且与课程标准一致的学习目标，项目化学习能够确保学生在参与项目的过程中，不仅能够获得知识和技能的提升，还能够明确地认识到这些学习成果如何与他们的未来学术发展和职业生涯相关联。这种目标导向的学习体验有助于学生建立起对学习内容的深刻理解，并激发他们对学习的持续热情。

四、探究性

探究性是项目化学习中激发学生主动学习的关键原则。它是学生发生好奇心、提出问题，并自主探索寻找答案的过程。这种学习方式不是被动接受知识，而是通过积极地提问和探索来构建知识，从而更深刻地理解学习内容。

探究性可以通过设计开放式的项目来实现。例如，一个关于人工智能的项目，可能从询问学生对未来人工智能的看法开始，引导他们探索人工智能的潜力、风险和伦理问题。学生将自主搜集资料，分析人工智能在不同行业中的实际应用，以及这些应用对社会和个人生活的影响。

此外，探究性还体现在学生对问题的深入分析和解决上。在一个关于数据科学与大数据分析的项目中，学生可能会被要求收集和分析真实世界的数据集以识别模式和趋势。他们需要运用统计学、编程和数据可视化技能来处理数据，并提出基于数据的见解和建议。

---

[1] 滕珺，杜晓燕，刘华蓉. 对项目式学习的再认识："学习"本质与"项目"特质 [J]. 中小学管理，2018 (2): 15-18.

这种探究性学习，能够培养学生批判性思维、解决问题的能力以及终身学习的习惯；使他们学会了如何独立思考，如何从不同角度审视问题，并在教师的指导下，学会了如何有效地沟通和合作。这种学习体验不仅加深了学生对信息科技学科的理解，还为他们将来在快速变化的世界中不断学习和适应奠定了基础。

五、成果导向

成果导向的项目化学习强调以最终的学习成果为核心，确保学生在项目结束时能够展示他们所学的知识和技能[1]。这种以成果为基础的方法要求项目设计具有清晰的终点，学生的工作不仅仅是为了学习，更是为了创造有价值的输出。

成果导向可以通过多种方式实现。例如，一个编程项目可能要求学生开发一个具有实际功能的软件应用。这个应用可以是一个帮助用户管理日常任务的工具，或者是一个教育性的游戏，旨在教授特定的概念或技能。学生需要展示他们的应用程序，包括代码、用户界面和功能演示，以证明他们对编程语言和技术的掌握。

成果导向的项目化学习要求学生对自己的工作负责，他们需要学会如何规划、执行和呈现他们的工作。这种学习方式不仅提高了学生的参与度和动机，而且通过明确的成果目标，帮助学生建立起对自己学习进度和质量的意识。通过展示他们的工作成果，学生能够获得宝贵的反馈，了解自己的优势和需要改进的地方，从而促进他们的个人成长和专业发展。

六、评价与反馈

指向深度学习的评价必须面向提升学习者的问题解决、高阶思维、自主学习和知识创新等高阶能力[2]。评估与反馈是项目化学习中至关重要的环节，它们确保了学习过程和成果能够得到量化和质化的评价，同时为学生提供了持续改进的机会。在这种教育模式下，评估不仅是对最终成果的检验，更是对学习过程中每个关键步骤的细致考查。

评估标准应当明确且具有可操作性，它们通常包括技术技能的掌握、问题解决能力、创新思维、团队合作精神以及项目管理能力等多个维度。为了使评估更加全面和公正，反馈应当贯穿整个项目过程。在项目的早期阶段，教师可以对学生的设计思路和初步计划给出建议，帮助学生及时调整方向，避免偏离项目目标。在项目的中期，通过同行评审和小组讨论，学生之间相互学习，从他人的角度获得启发，并对自己的工作进行反思和改进。在项目结束时，学生需要展示他们的最终成果，这可以是一个演示、一个报告，或者是一个实际操作。此时，教师和同学们的反馈对于学生个人来说尤为宝贵，这不仅能够评价学生的工作成果，还能够提供关于如何进一步提升技能和专业知识的建议。

此外，自我评估也是评估与反馈过程中的一个重要组成部分。学生通过自我反思，了解自己在项目中的表现，认识到自己的强项和需要改进的地方。这种自我认知对于学生的自我驱动学习和终身发展至关重要。

---

[1] 吴知凡. 指向学习产出的项目式学习模式研究 [J]. 南京晓庄学院学报，2021，37（2）：100-104.
[2] 张浩，吴秀娟，王静. 深度学习的目标与评价体系构建 [J]. 中国电化教育，2014（7）：51-55.

通过这种持续的评估和反馈，学生不仅能够达到预期的学习目标，还能够建立起对自己学习过程的深刻理解，从而促进他们的自我成长和专业提升。这种以学生为中心的评价方式，让学生在获得知识和技能的同时，也能够使教师学会如何评价和提升自己的工作。

七、教师角色

教师不再仅仅作为知识的被动"消费者"与"传递者"的角色，教师作为实践知识的主动建构者，同样是教育知识的"生产者"与"创造者"[①]。教师在项目化学习中的作用是多维的，他们不仅是知识的引导者，更是学习过程中的促进者和协助者。这种角色转变意味着教师不再仅仅是站在讲台上传授知识的人，而是成为学生学习旅程中的伙伴和向导。

教师的角色首先体现在为学生提供必要的知识背景和技能指导。他们帮助学生建立起对项目主题的基本理解，并提供探索和研究所需的工具和方法。例如，在编程项目中，教师可能会介绍不同的编程语言和开发环境，确保学生具备开始项目所需的基础知识。

随着项目的深入，教师的角色逐渐转变为促进者，他们鼓励学生提出问题，引导学生进行批判性思考和深入探究。教师通过提问、讨论和反馈，激发学生的好奇心和探索欲，帮助学生在面对挑战时找到解决方案。在这个过程中，教师更像是一个协调者，促进学生之间的交流和合作，帮助他们学会如何在团队中发挥作用。

此外，教师还承担着评估者的角色，他们根据项目的学习目标和评估标准，对学生的学习成果进行评价。这种评价不仅关注学生的知识掌握情况，更关注学生的思维过程、创新能力和学习态度。教师通过及时和建设性的反馈，帮助学生认识到自己的优势和不足，指导他们如何改进。

最后，教师作为学习环境的设计者，负责创建一个支持性和挑战性的学习氛围。他们通过设计合理的项目任务、提供丰富的学习资源和建立有效的支持系统，确保每个学生都能在项目中获得成功的体验。

通过这种角色的转变，教师在项目化学习中发挥着至关重要的作用。他们不仅帮助学生获得知识和技能，更通过引导、促进和评估，帮助学生发展成为具有独立思考能力和终身学习能力的个体。这种以学生为中心的教学方式，让教师成为学生学习过程中不可或缺的支持者和促进者。

第三节 项目化学习的设计流程

在当今快速发展的时代背景下，项目化学习已成为培养学生综合能力、提升实践创新能力的重要途径。项目化学习的设计过程，不仅是对知识的综合运用，更是对团队协作、问题解决等能力的全面锻炼，其设计过程如图2-1所示。

[①] 李琼，倪玉菁. 从知识观的转型看教师专业发展的角色之嬗变［J］. 华东师范大学学报（教育科学版），2004（4）：31-37.

第二章 项目化学习设计与实施

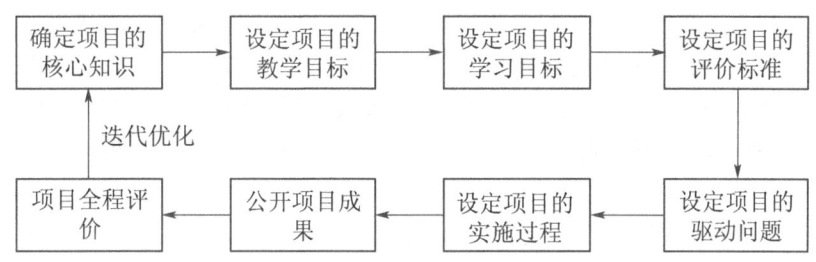

图 2-1 项目化学习的设计流程

一、确定项目的核心知识

（一）确定项目的核心知识

对学科知识本质的深度理解与持续建构是核心素养的内在要求①。在项目化学习的设计与实施中，确定项目的核心知识是至关重要的一步。核心知识是项目学习的基石，它为学生提供了探索、学习和创新的起点。在信息科技课程中，核心知识的确定需要紧密结合学科的逻辑主线，确保项目内容既符合学科要求，又能激发学生的兴趣和热情。

（二）什么是项目核心知识

在项目化学习的设计流程中，项目的核心知识是指该项目所围绕的核心学科领域的知识和技能。这些核心知识不仅为项目提供了学习和探究的基础，也是项目设计和实施中需要重点关注和教授的内容。项目的核心知识通常由教师根据课程标准、学科特点和学生的学习需求来确定，旨在通过项目的实施使学生能够深入理解、掌握并运用这些知识和技能。通过项目化学习，学生能够在真实情境中运用所学的核心知识解决实际问题，从而加深对知识的理解和记忆，提升学习效果。因此，项目的核心知识是项目化学习设计的重要组成部分，对于实现项目的学习目标和教育目标具有关键作用。

在信息科技学科中，核心知识涵盖了数据、算法、网络、信息处理、信息安全和人工智能等六个方面（图2-2）。这些知识点构成了信息科技学科的基础框架，是学生进行项目化学习的重要支撑。

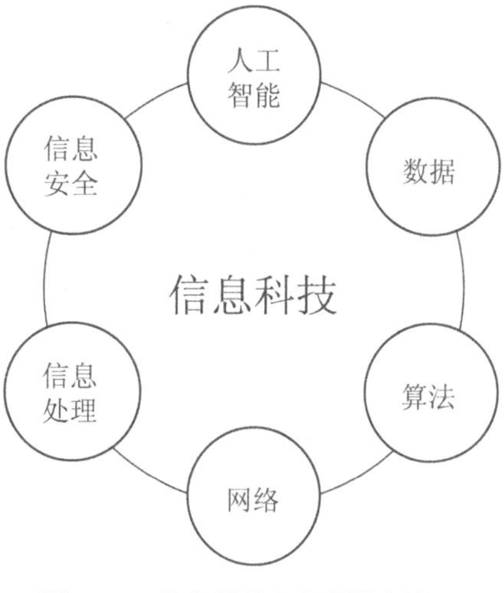

图 2-2 信息科技六条逻辑主线

（三）如何确认核心知识

在确认信息科技学科项目的核心知识时，我们可以从以下几个方面入手：

分析课程标准：课程标准是教学的重要参考依据。教师需要仔细研究课程标准，了解信息科技课程的教学目标和要求，从而确定项目所需的核心知识。

结合学科逻辑主线：信息科技学科具有六条逻辑主线，即数据、算法、网络、信息处

---

① 陈倩．大概念统整的学科项目化学习设计研究［D］．成都：四川师范大学，2020．

理、信息安全和人工智能。六条逻辑主线既是信息科技知识体系的内在逻辑，又是课程内容的主线脉络，也是教学实施的重要抓手①。在确定核心知识时，教师可以根据项目的主题和目标，选择其中一条或几条逻辑主线进行深入探讨。例如，如果项目的主题是"智能家居系统"，那么教师可以将"人工智能"作为核心知识，同时涉及数据处理、网络安全等相关知识。

考虑学生的兴趣和实际水平：学生的兴趣和实际水平是确定核心知识时不可忽视的因素。教师需要了解学生的兴趣爱好和已有知识水平，确保所选的核心知识既能满足学生的需求，又能激发他们的学习动力。

二、设定项目的教学目标

在确定了项目的核心知识之后，教师接下来需要设定项目的教学目标。项目的教学目标是指通过项目的实施，学生应达到的具体学习成果和需提升的能力。设定明确、具体、可衡量的教学目标有助于指导项目的整个设计和实施过程，确保学生的学习活动能够聚焦于核心知识，实现有效的学习。

（一）教学目标与核心知识的关联

教师在设定项目教学目标时，需要确保教学目标与项目的核心知识紧密相连。教学目标应体现核心知识在项目中的实际应用，反映学生在项目中应掌握的关键概念、原理和技能。例如，在一个关于"人工智能在图像识别中的应用"的项目中，教学目标可能包括学生能够理解人工智能的基本原理和算法、掌握图像识别的基本技术和方法，并能够运用这些知识和技术实现简单的图像识别任务。

（二）具体、可衡量的教学目标

为了确保教学目标的达成度可衡量，教师应设定具体、可量化的教学目标。这些目标应该具有明确的描述和评价标准，便于学生在项目实施过程中进行自我评估和反思，也便于教师在项目结束后对学生的学习成果进行评价和反馈。例如，教师可以设定以下具体、可衡量的教学目标：学生能够编写一个简单的图像识别程序，准确率达到 80% 以上；学生能够解释人工智能在图像识别中的工作原理，并举例说明其在实际应用中的优势。

（三）与学科核心素养的综合考虑

信息科技核心素养包括信息意识、计算思维、数字化学习与创新以及信息社会责任，它们共同构成了项目教学目标的基石。

信息意识：在教学目标中，信息意识的培养旨在使学生能够敏锐地觉察到信息科技的价值和意义，具备对信息问题的敏感性和判断力。具体目标可设定为学生能够识别项目中所涉及的信息科技问题，并理解其在实际应用中的重要性；学生能够分析信息科技对项目成果的影响，以及如何利用信息科技提升项目的效率和效果。

计算思维：计算思维是信息科技学科的核心素养之一，它要求学生能够运用逻辑思维和抽象思维来解决问题。在设定教学目标时可重点关注几个方面：学生能够运用计算思维对项目进行抽象和建模，将实际问题转化为可计算的数学问题；学生能够设计并实现算

---

① 李维明．义务教育信息科技课程标准中"逻辑主线"的认识与理解［J］．中国信息技术教育，2023（24）：17-19．

法，解决项目中的关键计算问题，如数据处理、图像识别等。

数字化学习与创新：数字化学习与创新是信息科技学科中培养学生创新能力和自主学习能力的重要目标。在设定教学目标时，应关注几个方面：学生能够利用数字化工具和资源进行有效的学习和探究，如使用编程软件、数据分析工具等；学生能够在项目实践中进行创新尝试，提出新的解决方案或改进现有方案，推动项目的进展。

信息社会责任：信息社会责任是信息科技学科中培养学生道德素质和法律意识的重要目标。在设定教学目标时应强调几个方面：学生能够理解和遵守信息社会的道德和法律规范，如保护个人隐私、尊重知识产权等；学生能够在项目实践中关注信息科技的社会影响，并思考如何负责任地使用信息科技为社会做出贡献。

义务教育信息科技课程应帮助全体学生提升运用信息科技手段解决学习与生活中问题的能力，理解信息科技给人们学习、生活和工作带来的各种影响以及信息科技对信息社会发展的重要意义，为全民数字素养与技能提升奠定坚实基础[①]。在设计中通过围绕这四个方面的学科核心素养来设定项目的教学目标，教师可以确保项目化教学不仅能够帮助学生掌握核心知识，还能够培养他们的综合素质和能力，为他们未来的学习和职业发展打下坚实的基础。

（四）与课程标准和教学大纲的对接

教师在设定项目教学目标时还需要与课程标准和教学大纲进行对接。教学目标应体现课程标准和教学大纲中的相关要求，确保项目的实施符合学科教学的整体规划和要求。同时，教师还应根据学生的学习情况和实际需求，对教学目标进行适当调整和优化，以更好地满足学生的学习需求和发展潜力。

设定项目的教学目标是项目化学习设计中的重要环节。通过设定明确、具体、可衡量的教学目标，并综合考虑学科核心素养的要求，教师可以更好地指导项目的实施过程，确保学生的学习活动能够聚焦于核心知识，实现有效的学习。

三、设定项目的学习目标

（一）让学生有清晰的学习目标

在制定教学目标后，教师可以根据教学目标进一步细化学生的学习目标。通过明确、具体的学习目标，学生可以更加清晰地了解自己在课堂上的学习任务和要求，从而更好地参与到教学活动中来。同时，学习目标也有助于教师对学生的学习过程进行更有效的监控和评估，确保教学活动的有效性和针对性。

首先教师要了解学生的当前水平和需求，包括学生的当前知识水平、技能掌握情况以及学习需求。这可以通过课堂观察、作业分析、诊断性测试以及与学生进行沟通交流来实现。了解学生的当前水平有助于教师为他们设定合适的学习起点。

（二）学习目标的设计原则

明确项目或课程的学习目标。教师根据课程标准、教学计划和项目的整体要求，将整体目标分解为具体学习目标，应体现如下原则：

---

① 熊璋，赵健，陆海丰，等. 义务教育阶段信息科技课程的时代性与科学性——《义务教育信息科技课程标准（2022年版）》解读［J］. 教师教育学报，2022，9（4）：63-69.

具体性：确保每个学习目标都是具体、明确的，避免使用模糊或笼统的措辞。例如，将"掌握物联网的数据通信方法"具体化为"掌握将掌控板采集的光线数据上传到 MixIO 物联网平台的方法"。

可衡量性：为每个学习目标设定可衡量的标准，以便学生能够清晰地了解自己的学习进展。例如，设定"训练一个人脸识别模型，识别率要求达到 90% 以上"。

挑战性：设定具有一定挑战性的学习目标，以激发学生的学习兴趣和动力。同时，要确保学习目标在学生的能力范围内，避免设定过高或过低的目标。

相关性：确保学习目标与项目或课程的整体目标紧密相关，有助于学生逐步实现最终的学习成果。

在制定学习目标时，教师需要充分考虑学生的个体差异，包括兴趣、能力、学习风格等，为不同学生设定个性化的学习目标，以满足他们的不同需求。例如，对于编程能力较强的学生，可以设定更高层次的学习目标，如探索作品的算法效率；而对于编程基础较弱的学生，则可以从基础知识入手，逐步建立扎实的基础。

最后，教师需要与学生沟通并达成共识，确保学生了解并接受所设定的学习目标。这有助于增强学生的学习动力和责任感，促进他们更加积极地参与到学习活动中来。

（三）学习目标的 SMART 法则

学习目标的撰写可以使用"三问法"模式，一问结果，二问过程，三问表现。然后按下列句法结构叙写目标：通过"过程"，获得"结果"，形成/能完成"表现"。学习目标要遵循 SMART 法则，它可以帮助人们创建明确、可衡量、可实现、相关性强、有时间限制的目标。SMART 的五个字母分别代表了以下五个方面：

Specific（明确）：目标应该是具体和明确的，避免含糊不清或过于笼统。例如，不是简单地"提高成绩"，而是"在数学考试中提高 10 分"。

Measurable（可测量）：目标应该有一个可以量化的标准来衡量进度和成果。这有助于评估目标的达成情况。例如，某节语文课中的"认识至少 10 个生字，会写至少 24 个字，读准 1 个多音字"。

Attainable（可习得）：目标应该是可以实现的，而不是过高或过低。它应该基于个人的能力、资源和时间限制。

Relevant（有相关）：目标应该与个人或组织的目标、价值观或需求相关。确保目标是有意义的，并有助于实现更广泛的目标。

Time-bound（有时限）：目标应该有一个明确的时间表或截止日期，以确保及时完成。这有助于保持焦点和动力。

以"设计智能灯光控制系统"课为例，这一课的学习目标如下：

（1）通过探索和实践 MixIO 平台的开关与装饰框组件应用【过程】，掌握这些组件的逻辑代码编写方法【结果】，表现出对物联网设备基础组件功能的理解和应用能力【表现】。

（2）通过深入学习物联网传输协议，特别是 MQTT 协议的工作原理【过程】，全面理解 MQTT 的发布和订阅机制，能准确描述其工作流程【结果】，能在实际项目中合理配置和运用 MQTT，实现数据的可靠传输【表现】。

（3）通过分析和实践 1 对 N 的主题订阅模式【过程】，充分理解该数据模式，并能实现用掌控板模拟一键灯光调整的功能【结果】,展现出对物联网设备间通信协调能力的掌握【表现】。

(4) 学会使用监视器工具来监测数据的发布和接收情况【过程】,能准确识别数据传输中的问题并进行有效调试【结果】,提升在实际应用中快速定位和解决问题的能力【表现】。

通过遵循 SMART 法则,人们可以创建明确、可衡量、可实现、相关性强且有时间限制的学习目标,从而提高学习效率和成果。

四、设定项目的评价标准

项目的评价标准在项目化学习中起到了至关重要的作用,它们确保了学习过程和成果能够得到量化和质化的评价,同时为学生提供了持续改进的机会。具体来说,项目的评价标准为:

(1) 提供了明确的评价依据:通过设定具体的评价标准,学生和教师能够清晰地了解在项目实施过程中哪些方面是需要关注的、哪些成果是可以接受的,这有助于确保项目的质量和学生的学习效果。

(2) 促进学生的自我反思:通过评价标准的指导,学生可以更好地了解自己在项目中的表现,从而发现自己的优点和不足,进而进行有针对性的改进。这种自我反思的过程对于促进学生的个人成长和专业发展具有重要意义。

(3) 鼓励团队合作和沟通:在项目化学习中,学生通常需要组成团队共同完成任务。评价标准的设立可以帮助学生明确各自在团队中的角色和责任,鼓励他们之间的沟通和协作,共同解决问题。

(4) 促进教师对教学的持续改进:通过对学生学习成果的评价,教师可以了解教学效果的反馈,发现自己的教学方法和策略是否存在问题,进而进行改进和优化。这有助于提升教师的教学水平和项目化学习的实施效果。

建构主义学习观和情境学习理论对学习观和人才观产生了重要的影响,它倡导学生评价必须尽可能接近真实生活,让学生参与到评价过程中去[①]。在制定项目化学习的评价标准时,应关注以下几个方面,以确保评价的有效性和全面性。

(1) 明确性:评价标准应当明确且具有可操作性,使学生和教师都能清楚地了解评价的具体要求和标准。例如,评价标准可以包括技术技能的掌握、问题解决能力、创新思维、团队合作精神以及项目管理能力等多个维度。

(2) 可衡量性:为每个评价标准设定可衡量的标准,以便教师能够客观地评价学生的学习进展和成果。例如,可以设定具体的任务完成度、作品质量、参与度等量化指标,以及对于创新思维和团队合作精神的定性评价。

(3) 挑战性:设定具有一定挑战性的评价标准,以激发学生的学习兴趣和动力。挑战性的评价标准应基于学生的当前水平,确保在学生的能力范围内但又能促使他们迎接挑战和超越自我。

(4) 多元性:评价应多元化,包括教师评价、学生自评、同伴互评等多种评价方式。

---

① 俎嫒嫒. 真实性学生评价研究 [D]. 上海:华东师范大学,2007.

这有助于从多个角度全面评价学生的学习成果，同时也能增强学生的参与感和自我反思能力。

（5）过程性：重视学生在学习过程中的表现和学习经历的积累。评价标准应贯穿整个项目过程，包括项目策划、实施、展示和反思等各个环节，以确保对学生学习全过程的关注。

（6）反馈性：评价过程中应提供及时的反馈，帮助学生了解自己的学习进展和存在的问题，以及下一步的改进方向。同时，教师也应根据学生的反馈及时调整教学策略，确保教学活动的有效性。

（7）与课程标准对接：评价标准应体现课程标准和教学大纲中的相关要求，确保项目的实施符合学科教学的整体规划和要求。同时，教师还应根据学生的学习情况和实际需求对评价标准进行适当调整和优化。

根据上一节的学习目标，我们可以制定如下评价标准：

目标1评价标准：学生能够正确编写MixIO平台开关组件的逻辑代码，学生在实践过程中展现出对物联网设备基础组件功能的深入理解。

目标2评价标准：学生能够清晰描述MQTT的发布和订阅流程；学生在项目中合理配置MQTT，并实现数据的可靠传输。

目标3评价标准：学生能够准确解释1对N主题订阅模式的工作原理；学生成功实现通过一个控制端远程控制多个掌控板LED灯来模拟智能家居的功能，展现出对物联网设备间通信协调的熟练掌握。

目标4评价标准：学生能够熟练使用监视器工具监测数据的发布和接收；学生能够准确识别数据传输中的问题并进行有效的调试，在实际应用中表现出快速定位和解决问题的能力。

五、设计项目的驱动问题

对项目学习而言，没有问题的驱动和挑战，没有对这些问题的解决和迁移，这样的情境就是"伪情境"。可以说，驱动问题是问题情境的"灵魂"[1]。在项目化学习的旅途中，驱动性问题不仅是这段旅程的起始站，更是激发学生无限探索欲望的引擎。一个精心设计的驱动性问题，如同一个引人入胜的谜题，能够瞬间点燃学生的好奇心和求知欲，促使他们迫不及待地投身于知识的海洋中。

这样的驱动性问题不仅仅是一个简单的问题，它更像是一个具有深度的思维触发器。它能够引导学生不满足于表面的答案，鼓励他们深入挖掘知识的深层含义，探索问题的多个维度。在这个过程中，学生不再是被动地接受知识，而是主动地思考、分析和判断，从而逐渐形成自己独到的见解和观点[2]。

这种深入的思考过程，对于学生的学习来说具有深远的影响。它不仅有助于学生更好地理解和掌握知识，更能够培养他们的批判性思维。在解决问题的过程中，学生需要不断地对信息进行筛选、分析和评价，这种思维方式能够帮助他们更好地识别信息的真伪和价

---

[1] 朱浩真. 争论型问题情境的定义和特征［J］. 课程教材教学研究（中教研究），2022（Z4）：13.
[2] 夏雪梅. 素养时代的项目化学习如何设计［J］. 江苏教育，2019（22）：7－11.

值，形成独立的判断能力。

同时，驱动性问题还能够激发学生的创新能力。在解决问题的过程中，学生需要不断地尝试新的方法、探索新的思路，这种创新精神能够让他们在面对未知的挑战时更加从容和自信。通过不断地实践和创新，学生不仅能够找到解决问题的最佳方案，更能够在这个过程中体验到成功的喜悦和成就感。

驱动性问题还能够培养学生的解决问题能力。在项目化学习中，学生需要面对各种各样的问题和挑战，这些问题可能来自于实践中的具体情境，也可能来自于理论知识的运用。通过不断地解决这些问题，学生不仅能够锻炼自己的思维能力和实践能力，更能够形成一套有效解决问题的方法和策略。这种能力对于他们未来的学习和工作都具有重要的指导意义。

（一）问题来源

为了更有效地驱动学生的学习，驱动性问题应尽可能地从学生中来。这意味着我们需要关注学生的兴趣和需求，了解他们的疑惑和困惑，以及他们在学习过程中遇到的问题。通过与学生进行深入的交流和讨论，我们可以发现那些真正能够引起学生共鸣、激发他们学习兴趣的问题。这些问题往往与学生的生活经验、文化背景和学科知识紧密相连，能够让学生在解决问题的过程中感受到知识的实用性和价值。

驱动性问题是项目化学习的核心，它通常来源于以下几个方面：

（1）学生兴趣：了解学生的兴趣和好奇心，从他们感兴趣的话题中提炼出驱动性问题。

（2）社会问题：关注社会热点问题或现实世界中的挑战，让学生在解决这些问题的过程中学习。

（3）教师创意：教师可以根据教学经验，结合学科特点，创造性地提出问题。

（4）学生提问：鼓励学生提出问题，这些问题往往能够激发学生的探究欲望。

（5）社区资源：利用学校所在社区的资源和特色，提出与社区相关的驱动性问题。

（6）环境问题：考虑环境问题和可持续发展，提出与环境保护相关的驱动性问题。

（7）历史与文化：挖掘历史事件和文化特色，提出与历史和文化相关的驱动性问题。

驱动性问题应该是开放性的，能够激发学生的思考和探索，同时具有一定的挑战性，能够引导学生进行深入的学习和研究。

（二）什么类型的问题适合做驱动性问题

埃里克森提出的三种问题类型（事实型问题、概念型问题、争论型问题）是教育领域中用来区分不同层次认知需求的问题。

1. 事实型问题

这类问题通常寻求具体、明确的答案，涉及基本的知识点或事实，这类问题不适合作为驱动性问题。例如，HTML 中的 <head> 标签是做什么用的。

2. 概念型问题

概念型问题要求学生理解并运用概念来解决问题，通常需要更深层次的思考和分析。例如，我们可以设计一个与学生日常生活紧密相关的案例，其背景为：

随着环保意识的提高，垃圾分类变得越来越重要。但是，很多人在日常生活中对垃圾分类的知识了解不足，导致分类错误。设想开发一个智能垃圾分类助手应用，帮助用户快速准确地进行垃圾分类。

（1）驱动性问题：如何设计一个既教育用户又方便他们进行垃圾分类的智能应用？

（2）概念型问题分解：如何使应用界面直观易用，适合不同年龄层的用户？

（3）交互设计：应该如何通过语音或图像识别技术来辅助用户进行垃圾分类？

（4）教育性：应该如何提供垃圾分类的教育信息来帮助用户了解不同垃圾的分类标准？

（5）数据收集与分析：应该如何收集用户分类的数据，并利用这些数据来优化分类算法？

（6）隐私保护：在收集用户数据时，如何确保用户的隐私不被侵犯？

通过这样的案例，学生不仅能够学习到人工智能应用的设计和开发过程，还能够深入理解如何将技术应用于解决现实世界的问题，同时培养他们的创新思维和社会责任感。

3. 争论型问题

争论型问题是那些没有唯一正确答案的问题，它们通常涉及不同的观点、价值观或利益冲突。这类问题鼓励学生进行深入的探讨、辩论和批判性思考，以发展自己的立场和理解复杂问题的能力。争论型问题的特点包括：

（1）多角度：问题涉及多个角度或观点，没有简单的对错之分。

（2）价值观冲突：问题触及不同的价值观或道德标准，可能引起情感上的分歧。

（3）开放性：问题没有固定的答案，鼓励学生探索和表达自己的见解。

（4）深度思考：问题要求学生进行深入的分析和反思，而不仅仅是表面的理解。

以物联网的内容为例：

案例背景：物联网技术通过将物理设备连接到互联网，使它们能够收集和交换数据，从而提高效率和便利性。然而，物联网设备的普及也引发了关于隐私、安全和伦理的争议。在智能家居环境中，个人隐私和便利性之间的关系应该如何平衡？

问题分解：

（1）隐私问题：智能家居设备可能会收集用户的个人数据，如何确保这些数据的安全和隐私？

（2）便利性：智能家居设备提供了极大的便利性，如远程控制家电、自动化管理等，但这种便利性是否以牺牲隐私为代价？

（3）安全风险：物联网设备可能成为黑客攻击的目标，如何确保这些设备的安全性？

（4）伦理考量：在设计和使用物联网设备时，开发者和用户应如何考虑伦理问题，例如数据的使用和存储？

（5）法规与标准：现有的法规和标准是否足以保护用户避免智能家居设备应用可能带来的安全风险？

通过这个争论型问题，学生不仅能够了解物联网技术的应用和潜在问题，还能够培养他们对复杂社会问题的理解和分析能力，以及在多方面权衡中形成自己的观点。

六、设定项目的实施过程

在项目化学习中，项目的实施过程是将设计蓝图转化为实际成果的阶段。这一过程不仅考验学生对知识的掌握和应用能力，也是培养他们团队协作、时间管理、问题解决等多方面技能的重要机会。

(一) 教师在实施中的角色定位

在项目化学习中,教师的角色经历了深刻的转变,从单向的知识传递者演变为多维度的促进者和指导者。这种转变要求教师在项目开始时就积极地为学生提供必要的背景知识,确保他们对项目主题有一个全面的理解,并根据项目需求提供关键技能的培训,比如研究方法和数据分析技术。通过这种方式,教师不仅帮助学生建立起对项目的基本理解,还激发了他们的好奇心和学习兴趣。

随着项目的深入,教师的角色扩展为学习促进者,通过提出开放性问题和设计挑战性任务来引导学生的探究过程。教师鼓励学生自主提出假设,设计实验或研究方案,同时提供学习策略和方法,帮助学生更有效地搜集和分析信息。此外,教师还引导学生发展批判性思维和创造性思维,教会他们如何从不同角度审视问题,增加学生思维的深度和广度。

作为学习资源的提供者,教师负责整合与项目相关的资源,包括图书、在线数据库和专家意见,并确保学生能够访问所需的技术工具和软件。教师还设计学习环境,创建一个安全、包容和支持性的空间,让学生能够自由地表达和分享想法,并建立互助互学的班级学习社区。

在工作中,教师作为协助者,给学生提供个别辅导,针对学生的个别差异给予个性化的指导和支持。同时,教师在解决团队内部矛盾和冲突中扮演协调者的角色,帮助建立团队成员之间有效的沟通和协作。

评估与反馈是教师角色中不可或缺的一部分。教师设计多元化的评估体系,包括自我评估、同伴评估和教师评估,以全面评价学生的学习成果。及时、具体和建设性的反馈能帮助学生了解自己的进步和需要改进的地方。此外,教师通过不断反思教学实践,根据学生反馈和项目结果调整教学策略,并致力于自身专业成长,不断更新教学方法和知识储备。

通过这些角色的转变,教师成为学生学习旅程中的伙伴和向导,支持学生在项目化学习中的探索和发展。教师不再局限于知识的单向传递,而是通过多维度的指导和支持,帮助学生构建知识、提升技能,并培养学生终身学习的能力。这种以学生为中心的教学模式,让教师在促进学生全面发展中发挥着至关重要的作用。

(二) 团队协作

在项目化学习的环境中,教师的角色扩展促进了学生在团队中的协作和沟通能力的发展。这不仅要求学生共同完成项目目标,而且要求他们在过程中相互依赖、交流和协调各自的工作。教师在此过程中充当着至关重要的引导者和协调者的角色,他们通过提供有效的沟通策略和团队工作技巧,帮助学生建立合作关系;同时,指导学生如何明确分工,确保每个成员都能在其擅长的领域发挥作用,并承担相应的责任。

此外,冲突在团队工作中是不可避免的,教师需要教授学生如何识别和解决团队内的分歧。这包括教授学生如何进行建设性的讨论,从不同角度审视问题,并寻找能满足各方利益的解决方案。通过这种方式,学生不仅能学会如何表达和坚持自己的观点,还能学会如何妥协和接受他人的意见。

教师还应鼓励学生发展自我管理能力,这包括时间管理和任务管理,以确保团队工作与个人责任之间达到平衡。在团队合作的过程中,定期的反思和评估是不可或缺的。教师应组织学生进行团队反思,以评估团队协作的效果,识别改进的领域,并制定行动计划,从而不断提高团队的工作效率。

最终,教师与学生共同建立积极的团队文化,明确团队的规范、价值观和工作准则,为团队合作打下坚实的基础。这种文化不仅能够促进团队成员之间的相互尊重和支持,还能激励他们共同克服挑战,实现项目目标。通过这些综合性的指导和实践,学生能够在团队环境中培养出必要的协作和沟通技能,为他们未来的学术和职业生涯奠定坚实的基础。

(三)学习环境的创建

在项目化学习中,营造一个安全和包容的学习环境至关重要。这样的环境能够鼓励学生勇于尝试新事物,不畏惧犯错,因为他们知道这是一个学习和成长的过程。在这样的环境中,学生感到他们的声音被听到、他们的想法被尊重,无论这些想法是否成熟或完美。教师在这一过程中扮演着至关重要的角色,他们通过建立积极的班级文化和明确的期望,确保每个学生都能在一个不畏惧和没有压力的氛围中进行学习。

安全的学习环境还包括为学生提供必要的资源和工具,帮助他们在探究过程中取得成功。教师应确保所有学生都能够"访问"到所需的材料和技术,这样他们就能够自由地探索、实验并实现他们的创意。同时,教师需要创造机会让学生在小组内分享他们的发现和学习,通过这种方式,学生不仅能够获得同伴的反馈,也能够学习如何以建设性的方式提供反馈。

此外,教师应通过示范和指导,教会学生如何识别和尊重彼此的差异,促进形成一个多元化和包容性的学习社区。在这样的环境中,学生被鼓励超越他们的舒适区,接受挑战,即使面临失败,也能够视其为学习过程中的宝贵一课。通过这种方式,学生能够建立起解决问题的能力,学会从错误中恢复并继续前进,这是他们在快速变化的世界中所需的关键技能。

七、公开项目成果

在项目化学习的过程中,公开项目成果是一个至关重要的环节,它不仅展示了学生的学习成果,也是他们学习旅程的一个高潮。

公开项目成果对于学生来说是一个展示自己工作和学习成果的机会。它能够帮助学生建立自信,同时让他们意识到自己工作的价值和影响。通过公开展示,学生能够与更广泛的听众交流想法,获取反馈,并感受到自己工作的社会价值。

在成果公开之前,学生需要进行充分的准备。这包括对项目的最终审查,确保所有内容都是准确无误的。学生还需要练习如何有效地传达他们的发现,无论是通过口头报告、演示文稿、视频还是实物模型。教师在这一阶段要提供指导,帮助学生精炼表达技巧和展示方法。

公开项目成果可以采取多种形式,包括但不限于:

①口头报告:学生直接向听众展示他们的发现和结论。
②演示文稿:使用幻灯片等形式辅助口头报告,使信息传达更清晰。
③视频展示:制作视频来记录项目过程或展示项目结果。
④实物展览:对于制作了实体模型或产品的项目,可以进行现场展示。
⑤互动演示:允许观众参与体验,增加展示的互动性和吸引力。

公开项目成果的环节应该鼓励观众参与,可以通过提问环节、互动体验或收集反馈资料来实现。观众的参与不仅为学生提供了宝贵的反馈,也增强了他们对项目主题的理解和兴趣。

八、项目全程评价

项目全程评价是项目化学习中确保教育目标得以实现的关键机制,它是一个持续的过程,从项目启动到成果展示,为学生和教师提供了实时的反馈。这种评价不仅限于学生的知识和技能掌握,更扩展到态度、价值观和综合素养的全面发展。

评价的多元化是其核心原则之一,涵盖了自我评价、同伴评价和教师评价等多种形式。这种多元化的评价方式有助于从不同角度获取反馈,确保评价的全面性和公正性。同时,评价的过程性原则保证了从项目初期到结束,每个阶段学生的进步和需求都能得到关注;及时性原则要求评价反馈迅速提供给学生,使他们能够根据反馈及时调整学习策略;建设性原则则确保评价结果能够指导学生认识自我优势和改进空间。

在项目的不同阶段,评价的内容和重点也有所不同。从项目启动阶段学生对项目的理解,到计划制定、知识技能准备,再到实施执行和监控调整,每个环节都需要细致的关注和评价。成果展示准备和展示阶段,评价聚焦于学生的表达能力和成果质量。项目总结阶段的反思评价,帮助学生整合学习经验,规划未来的学习路径。

评价的方法也应多样化,包括观察、访谈、作品分析、问卷调查等,这些方法不仅帮助教师了解学生的表现,也鼓励学生进行自我反思和同伴间的交流。评价结果的应用是指导教学和学习改进的重要依据,教师需要根据评价结果调整教学策略,而学生则应根据反馈调整学习方法。

教育技术的应用在项目全程评价中发挥着重要作用,电子反馈系统、在线评价平台和学习管理系统等工具提高了评价的效率和效果。通过这些工具,评价数据可以方便地被收集、分析和共享,为教学决策提供了支持。

项目全程评价是一个综合性、动态性的过程,它不仅促进了学生的主动学习,也为教师提供了宝贵的教学反馈。这种评价机制有助于构建一个持续改进的学习环境,支持学生的个性化学习需求,促进他们的终身发展。

第四节 数字时代对项目化学习的影响

随着数字化技术的发展,教育部于2022年颁布了《教师数字素养》,为教师在数字化时代的专业成长提供了明确的指引。这一指标体系涵盖了数字化意识、数字技术知识与技能、数字化应用、数字社会责任、专业发展等五个关键维度,对教师在项目化学习的设计和实施等方面产生了深远的影响。

数字化意识的提升使得教师更加认识到技术在教育中的重要性,鼓励其在教学设计中融入数字化元素,创造出更加互动和个性化的学习体验。随着数字技术知识与技能的增强,教师能够熟练运用各种工具和平台,支持学生的学习和探究,这不仅丰富了教学资源,也为学生提供了更多样化的学习途径。

在项目化学习的设计中,教师可以利用数字化工具来构建更加开放和灵活的学习环境，通过在线协作平台促进学生之间的交流与合作，使用数字媒体和虚拟现实等技术激发学生的创造力和想象力。在课堂实施阶段，教师可以运用数字化的应用来跟踪学生的学习进度，及时调整教学策略，确保每个学生的学习与探究能获得必要的支持。

此外，数字社会责任的培养促使教师在教学中强调信息安全、数据保护和网络道德等议题，教育学生成为负责任的数字公民。专业发展的重视则鼓励教师持续学习最新的教育技术和理论，不断提升自己的教学能力。

在学业评价方面，数字化技术的应用使得评价方式更加多元和及时，教师可以利用电子评价系统收集和分析学生的学习数据，为学生提供更有针对性的反馈。在协同育人的过程中，数字化技术也为家、校、社的沟通和合作提供了便利，促进了教育资源的共享和优化。

在项目化学习中，如果缺少数字化技术支持，将深刻影响教学的深度与广度。这种缺乏不仅限制了教学资源的丰富性和多样性，也削弱了教学活动的互动性和学生的参与感。由于缺少技术支撑，教师难以实现对学生学习情况的精准分析和个性化指导，导致教学策略无法及时调整以适应学生的个别需求。同时，学习评价的客观性与准确性也会因缺少数据驱动的洞察而受损，使得评价过程更多依赖主观判断，而非学生的实际表现和发展。此外，缺少技术支持的项目化学习难以充分利用数字化工具进行有效的知识构建和概念探究，限制了学生批判性思维和创新能力的发展。在协同育人方面，缺乏数字平台的辅助，学校、家庭和社会的协同作用则难以充分发挥，影响学生在多维环境中的全面发展。

可以说，教师数字素养的提升为项目化学习的设计和实施带来了新的视角和工具，推动了教育创新，增强了学生的学习动机和参与度，同时也为教师的专业成长和教学实践提供了丰富的资源和可能性。

第五节　基于 TPBL 模型的应用

TPBL（Project-based Learning of Technical Support），即技术支持的项目化学习，是一种将先进的数字技术与项目化学习理念相结合的教育模式，旨在通过技术支持项目化学习的实践，培养学生的高阶思维技能、创新能力和适应未来社会的能力。该模型（图 2 – 3）力求将教学、学习、评价与技术工具紧密融合，以实现更有效的教育过程。该模型以明确的教学目标为起点，以生活中真实的项目促进学生的主动探究和技能掌握。它采用多元化评价方式，确保对学习成果的全面评估，并利用数字化技术全程参与教学设计、过程实践、教学评价，全面提高学习效率和参与度。同时，模型支持个性化学习，通过数字化平台，鼓励师生互动交流，整合丰富学习资源，分享学习成果，并创建开放和及时反馈的学习环境，能有效地推进教学的实施，促进核心素养的形成。

TPBL 模型深受建构主义学习理论、认知心理学和多元智能理论的影响，形成了一种综合性的教育模式。建构主义学习理论认为知识是通过学习者的主动建构而成的，据此强调学生在团队合作和项目实践中的主动性和创造性，通过与现实世界的互动来构建和内化知识。同时，认知心理学关注学习者信息处理的过程，TPBL 结合这一理论设计科学有效的教学方案，促进学生在认知层面的全面发展，提高学习成绩，并培养关键认知技能。

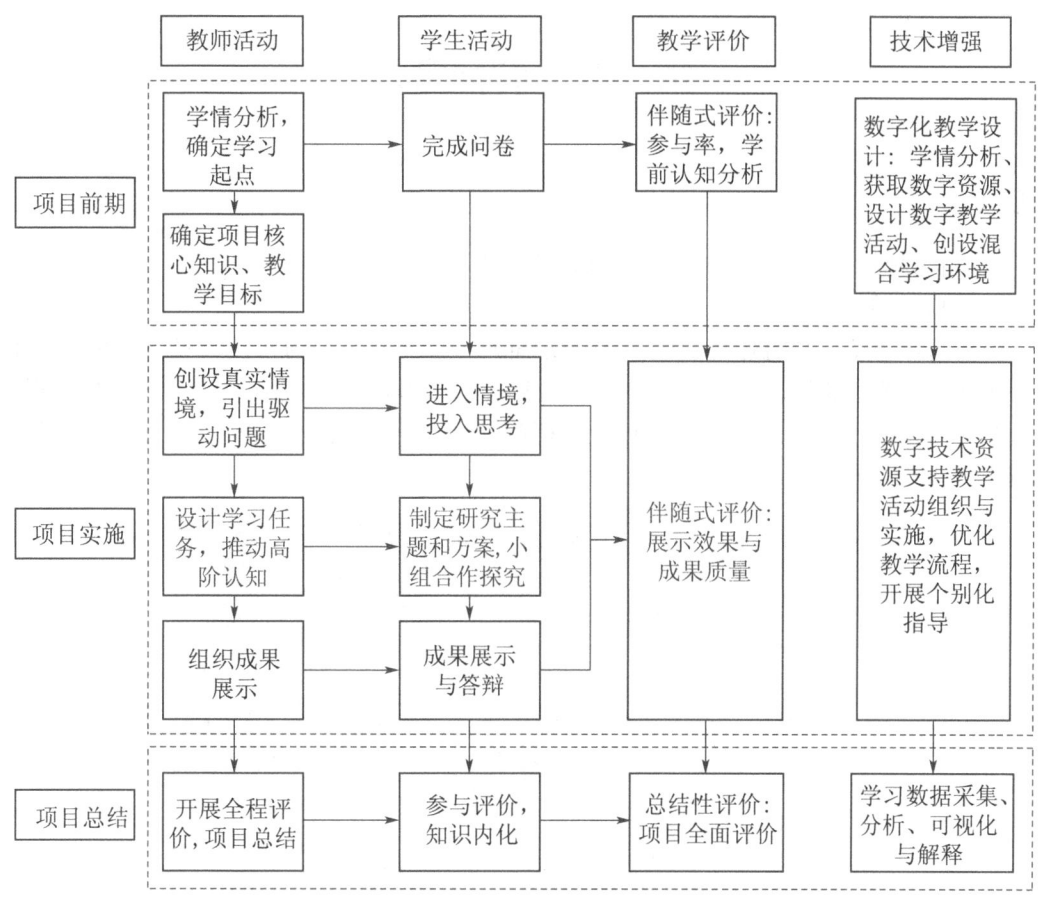

图 2-3　TPBL 教—学—评一体化设计模型

多元智能理论进一步扩展了 TPBL 模型的视域，认识到每个学生独特的智能组合和潜力。多样化的问题和活动设计，可以激发学生的学习兴趣，并促进他们在多个智能领域的全面发展。这种模式不仅提升了学习的适应性和创新性，还帮助学生发现自己的优势，促进个性化发展。综合这些理论，TPBL 模型为学生提供了一个互动性强、内容丰富、认知挑战和个性化学习并重的教育环境，旨在培养学生的批判性思维、解决问题的能力以及终身学习的能力，为快速变化的社会培养有能力的个体。

第三章 智能家居

项目概述

【项目名称】未来家,我掌控——智能家居设计

【项目背景】

科技的快速发展影响着我们生活的方方面面。智能家居作为科技与日常生活的结合点,正在逐渐改变我们的居住环境和生活方式。从自动调节室内温湿度的空调系统,到能识别主人语音命令的智能音箱,再到能够远程监控家中安全的智能摄像头,智能家居正变得越来越普及和便捷。

把学生组成若干团队,通过项目化学习的方式,完成从需求分析、系统设计到实际搭建和测试的整个过程。每个团队都将有机会展示自己设计的智能家居系统,并接受客户和同学们的评价与反馈。

【项目任务】

(1) 需求调研与分析:与模拟客户交流,了解客户对智能家居的具体需求和期望。

(2) 系统设计:根据客户需求,设计智能家居系统的整体架构和功能模块,如环境感知模块、控制模块、用户交互模块等。

(3) 硬件选择与搭建:选择合适的硬件组件,如掌控板、传感器、执行器等,搭建智能家居的硬件平台。

(4) 编程与软件开发:使用 Mind+图形化编程工具,编写实现各功能模块的软件代码。

(5) 系统集成与测试:将各个功能模块集成在一起进行系统的整体测试和优化。

（6）成果展示与评价：在项目结束时，组织一次成果展示活动，邀请模拟客户和其他团队成员进行评价，并根据反馈进行改进。

1. 驱动性问题

这个项目的驱动性问题是：如何设计并实现一个能够满足客户需求的智能家居系统？

2. 问题分析

对驱动性问题"如何设计并实现一个能够满足客户需求的智能家居系统？"的分解：

子问题1：如何理解和定义客户的需求？

这个问题要求学生去深入了解和研究客户对智能家居系统的期望和功能需求。他们需要与客户沟通，了解客户的生活方式、家居环境和个性化需求，然后将这些信息转化为具体的功能和设计要素。

子问题2：智能家居系统需要具备哪些核心功能？

基于客户需求的理解，团队需要确定智能家居系统的核心功能。这些功能可能包括环境感知（如温度、湿度、光照等）、自动化控制（如门窗、照明、电器等）、安全监控（如入侵检测、烟雾报警等）以及用户交互（如语音控制、移动应用等）。

子问题3：如何选择合适的硬件和软件来实现这些功能？

在确定了功能需求后，需要选择适当的硬件组件（如传感器、执行器、控制板等）和软件工具（如Mind+编程平台等）来实现这些功能。还需要考虑硬件的兼容性、成本以及软件的易用性和功能强大性等因素。

子问题4：如何设计用户友好的交互界面？

一个成功的智能家居系统不仅要有强大的功能，还需要有一个直观且易于使用的用户界面。这个问题需要学生思考如何设计一个能够让客户轻松控制和配置智能家居系统的用户界面，这可能包括一个移动应用程序或者一个基于网页的控制台。

子问题5：如何测试和优化系统的性能？

在智能家居系统搭建完成后，需要进行详细的测试，以确保系统能够正常工作并满足客户需求。学生需要制定测试计划，对各个功能模块进行逐一测试，然后根据测试结果对系统进行优化和调整，以提高系统的稳定性和性能。同时，也需要考虑系统的可扩展性和可维护性，以便于在未来能够根据客户需求的变化对系统进行升级和改进。

3. 学习目标

①信息意识培养目标。

通过智能家居项目化学习过程，学生能够意识到信息在日常家居生活中的重要性，并获得主动收集、处理和应用与智能家居相关的信息的能力，形成能够根据家庭需求合理规划和选择智能家居设备的表现。

②计算思维培养目标。

通过设计智能家居系统的逻辑思维训练，学生能够获得利用计算思维分析问题和解决问题的能力，能完成智能家居系统中不同设备间协同工作的逻辑设计和优化表现，以及根据实际情况调整智能家居控制策略的表现。

③数字化学习与创新培养目标。

在项目化学习过程中，学生掌握利用数字化工具进行学习和创新的方法，通过实际操作和团队协作，学生能获得对智能家居技术的深入理解和应用能力，形成能够独立或合作完成智能家居系统搭建和创新的表现，并能够在遇到问题时提出新颖的解决方案。

④信息社会责任培养目标。

通过智能家居项目化学习，学生能够理解信息技术对社会、伦理和个人隐私的影响，并获得在智能家居设计和使用过程中遵循相关法律法规和伦理规范的能力，形成在设计和实现智能家居系统时能够考虑用户隐私保护和系统安全性的表现。

4. 评价标准

①信息意识维度。

表3-1 信息意识维度评价量表

信息意识	优秀（4分）	良好（3分）	合格（2分）	有待提高（1分）
信息识别与收集	学生能主动识别并收集与智能家居项目高度相关的信息，信息来源广泛且准确度高	学生能识别并收集到一些与项目相关的信息，但来源或准确度稍有欠缺	学生能基本识别所需信息，但收集的信息量或准确度有限	学生在信息识别与收集方面存在明显困难，难以找到与项目相关的信息
信息分析与处理	学生能对收集到的信息进行深入分析，提炼出关键点，并与项目需求紧密结合	学生能对信息进行一定的分析，但提炼的关键点与项目需求的结合度有待提高	学生能进行基本的信息分析，但提炼的关键点较少或与项目需求关联度不高	学生在信息分析与处理方面表现较弱，难以从信息中提炼出有用的关键点
信息应用与创新	学生能将分析后的信息有效应用于项目中，并表现出一定的创新意识，提出新颖的解决方案	学生能将部分信息应用于项目中，但创新意识和解决方案的新颖性一般	学生能将少量信息应用于项目中，但缺乏创新意识和新颖的解决方案	学生在信息应用和创新方面表现不佳，难以将信息有效融入项目中

②计算思维维度。

表3-2 计算思维评价量表

计算思维	优秀（4分）	良好（3分）	合格（2分）	有待提高（1分）
问题分解	学生能将复杂的智能家居问题分解为简单、可管理的小问题，并为每个小问题设计清晰的解决方案	学生能尝试分解问题，但小问题之间的关联性或解决方案的清晰度有待提高	学生能基本理解问题分解的概念，但在实际操作中仍存在一定困难	学生难以将复杂问题分解，对问题分解的概念和方法掌握不足
抽象思维	学生能准确识别智能家居系统中的关键要素，并用简洁的语言或模型描述系统行为	学生能识别部分关键要素，但在描述系统行为时可能稍显冗长或不够准确	学生能基本识别关键要素，但在抽象思维方面仍需加强训练	学生在抽象思维方面表现较弱，难以识别关键要素并简洁描述系统行为

续上表

计算思维	优秀（4分）	良好（3分）	合格（2分）	有待提高（1分）
算法设计	学生能设计高效、可靠的算法来控制智能家居系统，且算法逻辑清晰、易于理解	学生能设计基本的算法，但在效率、可靠性或逻辑清晰度方面有待提高	学生能尝试设计算法，但可能存在一些逻辑错误或不足之处	学生在算法设计方面存在明显困难，难以设计出符合要求的算法
优化策略	学生能根据实际需求对智能家居系统进行优化，提出切实可行的改进方案，并评估优化效果	学生能提出一些优化建议，但在方案的可行性或效果评估方面可能有所欠缺	学生能基本理解优化的概念，但在实际操作中仍需指导	学生在优化策略方面表现较弱，难以提出有效的改进方案

③数字化学习与创新维度。

表3-3 数字化学习与创新评价量表

数字化学习与创新	优秀（4分）	良好（3分）	合格（2分）	有待提高（1分）
数字化工具应用	学生能熟练运用多种数字化工具进行智能家居项目的学习、设计和模拟，且操作准确、高效	学生能使用数字化工具完成基本任务，但在操作熟练度或工具选择方面有待提高	学生能在教师的指导下使用数字化工具，但独立操作时可能遇到困难	学生在数字化工具的应用方面存在明显障碍，难以独立完成任务
资源整合与创新	学生能从多种数字化资源中整合所需信息，并在此基础上提出新颖、有创意的智能家居设计方案	学生能整合部分数字化资源，但在创新性和方案的新颖性方面稍显不足	学生能基本完成资源整合，但在创新方面仍需加强训练	学生在资源整合和创新方面表现较弱，难以形成完整的智能家居设计方案
协作与分享	学生能积极与团队成员协作，利用数字化平台有效分享和交流智能家居项目的学习成果和创意	学生能与团队成员进行协作，但在数字化平台的利用或分享交流方面有待提高	学生能参与团队协作，但在数字化环境下的交流能力仍需加强	学生在协作与分享方面存在困难，难以在数字化环境下与团队成员有效合作
问题解决与反思	学生能利用数字化工具和方法自主解决智能家居项目中遇到的问题，并进行深入反思和总结	学生能尝试解决问题，但在数字化方法的应用或反思深度方面有待提升	学生能在教师的指导下解决问题，但在自主性和反思能力方面仍需培养	学生在问题解决和反思方面表现较弱，难以独立应对项目中的挑战

④信息社会责任。

表3-4 信息社会责任评价量表

信息社会责任	优秀（4分）	良好（3分）	合格（2分）	有待提高（1分）
信息规范与道德	学生能自觉遵守信息规范和道德准则，在智能家居项目中尊重他人隐私，不滥用信息技术	学生基本能遵守信息规范和道德准则，但在某些细节上可能稍显疏忽	学生在教师的提醒下能遵守信息规范和道德准则	学生经常忽视信息规范和道德准则，容易滥用信息技术
信息安全与保护	学生能主动采取措施保护智能家居项目的信息安全，预防数据泄露和非法访问	学生能意识到信息安全的重要性，并采取一些基本措施进行保护	学生在教师的指导下能采取一些信息安全措施	学生缺乏信息安全意识，容易使项目面临安全风险
信息法律与法规	学生能了解并遵守与智能家居项目相关的法律法规，如知识产权、隐私保护等	学生对相关法律法规有一定了解，但在具体应用中可能需要进一步指导	学生在教师的帮助下能了解相关法律法规	学生对相关法律法规知之甚少，容易触犯法律
社会责任感与贡献	学生能积极参与智能家居项目的社会推广活动，与他人分享项目成果，为社会发展做出贡献	学生愿意参与社会推广活动，但可能需要更多鼓励和支持	学生在教师的鼓励下能参与一些社会活动	学生对参与社会活动缺乏兴趣，较少为他人和社会做出贡献

5. 学法建议

为了帮助学生更好地完成智能家居项目化学习，我们提供以下学法指导，希望学生在学会的同时，也能掌握更好的学习方法。

（1）明确学习目标与任务。

在项目开始之前，请仔细阅读项目说明和要求，明确学习目标和任务。这将有助于有针对性地收集资料、设计方案和进行实践操作。

（2）学会收集与处理信息。

①收集信息。利用互联网、图书馆等资源收集与智能家居相关的资料，如设备功能、技术原理、应用案例等。

②处理信息。对收集到的信息进行整理、分类和分析，提取出对项目有用的信息，并记录在笔记本或电子文档中。

（3）掌握计算思维的方法。

①抽象问题：将智能家居系统的复杂问题简化为易于理解和处理的小问题，如将系统分解为多个功能模块。

②设计算法：针对每个功能模块，设计相应的算法或逻辑流程，确保各模块能够协同

工作。

③优化方案：在整个系统设计完成后，对方案进行优化，提高系统的性能和稳定性。

（4）实践数字化学习与创新。

①选择合适的数字化工具。根据项目需求，选择适合的编程软件、模拟平台等数字化工具进行学习和设计。

②自主学习与探索。利用数字化工具的"帮助文档""在线教程"等资源，自主学习和掌握工具的使用方法。

③创新设计。在掌握基本知识和技能的基础上，尝试提出新颖的设计方案或解决策略，展现自己的创新能力。

（5）培养信息社会责任意识。

①遵循法律法规。在设计和实现智能家居系统时，务必遵循相关法律法规和伦理规范，尊重用户隐私和权益。

②关注安全性与隐私保护。在系统设计过程中，充分考虑系统的安全性和隐私保护措施，确保用户数据的安全。

③积极传播正面信息。在项目化学习过程中，积极传播智能家居的正面信息和应用价值，促进社会对智能家居技术的认知和理解。

（6）学会合作与交流。

①分组合作。与同学组成小组共同完成项目任务。在合作过程中，相互学习、取长补短，共同提高。

②有效沟通。与小组成员保持良好的沟通，及时分享自己的想法和进展，听取他人的意见和建议。

③展示成果。在项目完成后，组织一次成果展示活动，向其他同学和老师展示所设计的智能家居系统和设计思路。通过展示和交流，进一步巩固所学知识并提高自信心。

第一节　自主可控从掌控板开始

【情境】在一个未来的智能家居展览馆中，学生们作为"未来家居设计师"受邀参观。展览馆内布满了各种先进的智能家居设备，它们能够自动响应人的需求，提供舒适便捷的生活环境。

然而，展览馆的工作人员告诉同学们，这些智能家居设备为进口设备。

【驱动性问题】大家能否自己设计这样的智能家居？

一、分析问题

智能家居设备包含各种传感器、硬件主控板、软件平台、控制算法等。我国科学技术发达，能够生产常见的传感器，我们只需要选择国产的传感器即可。

硬件主控板，我们选择国产的具有自主知识产权的设备，比如掌控板、ESP32 控制板、Arduino 控制板等；软件方面，国内有很多自主可控的编程平台，比如 Mind +、Kitten、Mixly 等。有了自主可控的硬件和软件，我们还需要设计相应的控制算法，这样智能家居设备才能称得上是自主可控。智能家居设备实现自主可控的路径如图 3－1 所示。

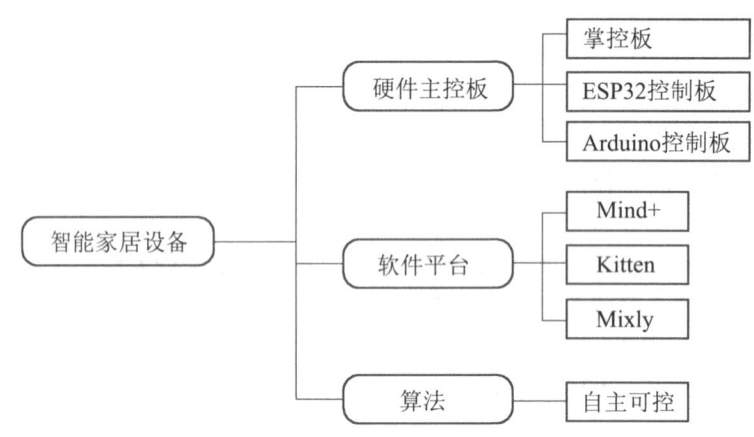

图 3－1　智能家居设备自主可控的实现原理

二、教学目标

（1）通过参与互动导入和小组讨论【过程】，学生能够理解自主可控在智能家居领域的重要性【结果】，并对此表现出浓厚的兴趣【表现】。

（2）通过教师的讲解和示范【过程】，学生能够熟悉掌控板的基本功能和组件【结果】，能够准确指出并描述掌控板上的主要部件及其作用【表现】。

（3）在教师的指导下，学生通过动手实践连接掌控板与电脑，并打开 Mind + 图形化编程软件【过程】，学生能够成功建立连接并理解软件界面的基本布局【结果】，能够独立完成一个简单的编程任务，如 LED 灯的亮起或闪烁【表现】。

（4）通过本节课的学习和实践【过程】，学生能够初步掌握 Mind + 图形化编程软件的基本操作【结果】，并能够在小组内分享自己的编程经验和成果【表现】，展现出良好的团队协作和沟通能力。

三、评价标准

1. 评价标准一

（1）学生能够准确解释自主可控在智能家居领域的重要性。

（2）学生在讨论中积极发言，提出与自主可控相关的观点或问题，显示出浓厚的兴趣。

2. 评价标准二
（1）学生能够准确指出掌控板上的各个部件，并正确描述其功能。
（2）在小组活动中，学生能够主动分享自己对掌控板的认识和体验。
3. 评价标准三
（1）学生能够独立完成掌控板与电脑的连接，并确保连接稳定。
（2）学生能够熟练操作 Mind + 图形化编程软件，理解软件界面的各个部分及其功能。
（3）学生能够编写一个简单的程序，实现 LED 灯的亮起或闪烁等基本功能。
4. 评价标准四
（1）学生能够独立完成更复杂的编程任务，如使用传感器控制 LED 灯的行为等。
（2）学生在小组内积极分享自己的编程经验和成果，为其他同学提供帮助和建议。
（3）学生的编程作品具有一定的创意和实用性，能够体现出对 Mind + 图形化编程软件的深入理解和应用。

四、认识掌控板

（一）掌控板

掌控板由创客教育专家委员会推出，为普及创客教育而生，配合一线信息科技课程教学需求，是国内一款 100% 自主知识产权的教学用开源硬件。如图 3 - 2 所示，掌控板内置高性能芯片，支持 Wi-Fi 和蓝牙，配备 OLED 显示屏、RGB 灯等多种传感器，包含触摸开关、金手指外部拓展接口，是开展创新课程的好帮手。

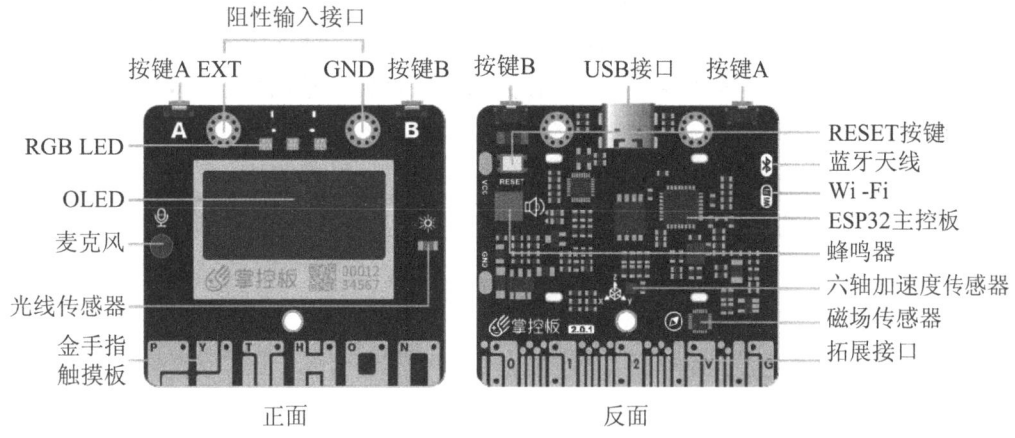

图 3 - 2 掌控板

【讨论】
仔细观察掌控板，在小组中说说你的发现。

【分享】
每个小组派一名代表，分享小组对掌控板的发现和认识。

（二）传感器
传感器是一种非常神奇的小东西，它可以让掌控板变得更加"聪明"和有用。那么，传感器到底是什么呢？

简单来说，传感器就像是我们身体上的感觉器官一样，比如说我们的眼睛、耳朵、鼻子等。它们能够感知周围的环境，如光线、声音、气味等，然后传递这些信息给我们。

同样地，掌控板和扩展板上的传感器也能够感知它们周围的环境信息。比如有些传感器可以感知光线是否明亮，有些可以感知温度是高还是低，还有些可以感知是否有物体靠近，等等。

当传感器感知这些信息后，它们会把这些信息传递给掌控板或扩展板。然后，掌控板或扩展板就可以根据这些信息做出相应的反应或决策。比如，当光线传感器感知到光线很暗的时候，掌控板就可以控制一盏灯自动亮起来。

所以，传感器就像是掌控板和扩展板的小助手一样，帮助它们更好地感知和理解周围的世界，从而让我们的生活变得更加智能和便捷。几种常见的传感器如表3-5所示。

表3-5 几种常见传感器

风向传感器	超声波传感器	光线传感器
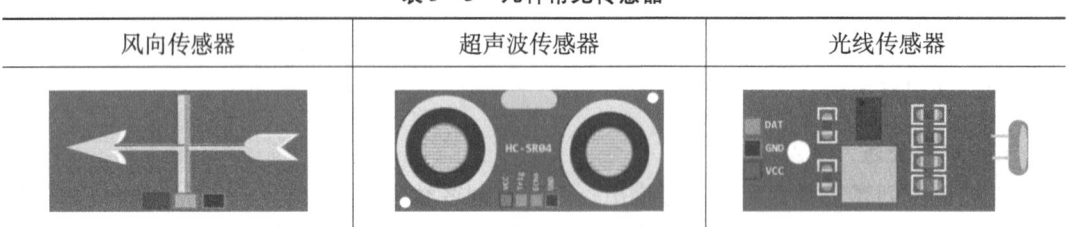		

五、自主可控的编程平台

Mind+是一款拥有自主知识产权的青少年编程软件，集成各种主流控板及上百种开源硬件，支持人工智能（AI）与物联网（IoT）功能，既可以拖动图形化积木编程，还可以使用Python/C/C++等高级编程语言，让大家轻松体验创造的乐趣。Mind+界面如图3-3所示。

图3-3 Mind+界面

【实践】

试着在Mind+中编写程序，让机器人可以走正方形。

六、为掌控板编写程序

为掌控板编写程序的一般流程是：第一步，连接掌控板与计算机；第二步，在图形化编程平台上编写程序；第三步，将程序下载到掌控板中；第四步，运行。

下面以点亮掌控板上的 LED 灯为例介绍为掌控板编写程序的过程。

1. 连接掌控板

利用 Type – C 的数据线将掌控板与计算机进行连接，如图 3 – 4 所示。

图 3 – 4　连接掌控板与计算机

2. 选择"上传模式"

如图 3 – 5 所示。

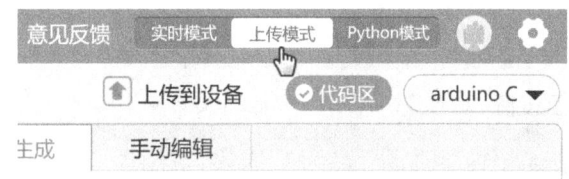

图 3 – 5　选择"上传模式"

图 3 – 6　单击"扩展"按钮

3. 单击"扩展"按钮

我们需要在"扩展"模块中选择相应的控制板类型。单击"扩展"，如图 3 – 6 所示。

4. 选择"掌控板"

选择"掌控板"，然后单击 ← 返回 ，如图 3 – 7 所示。

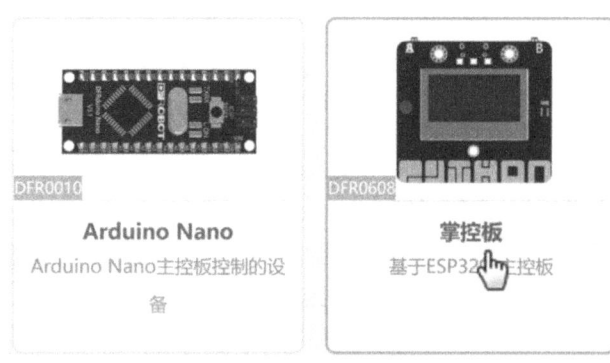

图 3 – 7　选择掌控板

5. 连接设备

在连接设备窗口中，选择对应的串口号，即可建立掌控板与计算机之间的连接，如图 3-8 所示。

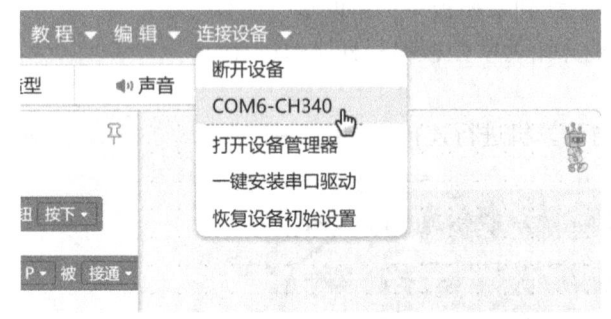

图 3-8 选择对应的设备名称

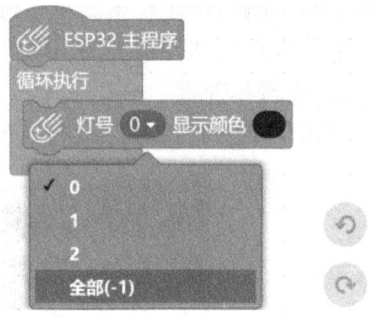

图 3-9 修改灯号

6. 编写程序

在 Mind+ 编程界面中的模块区，找到"掌控"模块的"LED 控制"子模块，将  拖入到中间的编程区中，修改灯号"0"，如图 3-9 所示。

7. 上传程序

程序编写完成并检查无误后，就可以上传了。上传程序就是将计算机中图形化编程软件中编写的程序写入掌控板的控制器中。单击"上传到设备"，如图 3-10 所示。

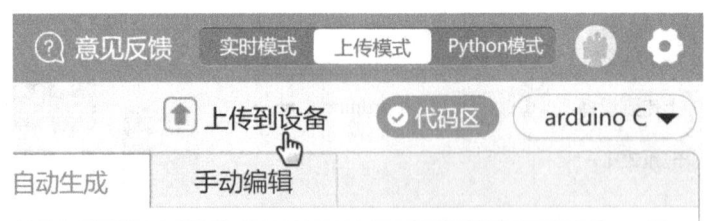

图 3-10 上传到设备

等待上传完成，右下角出现"上传成功"字样时，程序上传就完成了。

8. 调试程序

在掌控板中查看实际效果，检查是否与你预想的效果一致。如果不一致，请你修改程序，直到实现预期效果。

七、项目创作

利用掌控板和 Mind+ 编程软件，把同学们的创意变为现实。

1. 材料准备

将小组准备的材料写在下面的横线上。

小组准备的材料有：_____

_____

2. 硬件连接

将连接图画在下面的方框中。

3. 程序编写

将程序的流程图画在下面的方框中。

4. 作品测试

测试并完善作品，可以加上合适的外观。

八、项目分享与评价

1. 作品分享与展示

（1）环节组成。

介绍作品功能及制作过程（时间 5 分钟）；接受其他小组的提问并回答（时间 3 分钟）。

（2）注意事项。

①作品展示环节应该现场演示作品具体的功能如何实现。

②演示环节需要注意安全，必要时请佩戴护目镜和劳保手套等。

2. 项目评价

请按照本书附录中的项目化学习评价量规对本项目进行自评和互评。

第二节　秀出你的创意

【情境】在一个神秘的未来科技展览会上，同学们被邀请参加一个名为"OLED 魔法秀"的互动体验活动。在体验区里，各种 OLED 显示屏构成的奇妙装置吸引了众人的目光。有的装置上滚动着流光溢彩的文字，有的则展示着精美的动画图案。同学们被这些神奇的 OLED 显示技术深深吸引，纷纷驻足观看。

然而，展览会的组织者告诉大家，这些 OLED 显示屏背后的"魔法"其实是由一系列编程指令控制的。组织者鼓励同学们探索 OLED 显示屏的奥秘,并挑战自己能否创造出属于自己的"OLED 魔法"。

【驱动性问题】在这个神秘的"OLED 魔法秀"体验中,同学们能否利用编程和 OLED 显示技术创造出属于自己的独特动画或文字显示效果,为这场科技展览会增添更多的魔法色彩?

一、分析问题

1. 抽象

首先,我们需要从具体的问题中抽取出核心的概念。在这个问题中,核心是要"创造独特的动画或文字显示效果"。这意味着学生们需要理解 OLED 显示屏如何工作,以及如何通过编程来控制它。

OLED 显示屏是通过像素点发光来显示图像或文字的,而编程则是给这些像素点发出指令,让它们以特定的方式发光。

2. 分解

接下来,我们需要将这个问题分解成更小、更易于解决的部分,如图 3-11 所示。

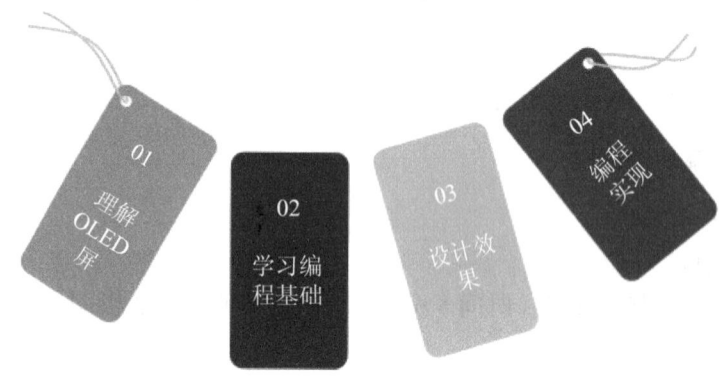

图 3-11 任务分解

理解 OLED 显示屏:首先需要了解 OLED 显示屏的基本原理和特点。

学习编程基础:为了控制 OLED 显示屏,需要学习一些基础的编程知识,如显示文字、图片等。

设计动画或文字效果:我们需要发挥创意,设计出想要的动画或文字显示效果。

编程实现:我们需要使用所学的编程知识,设计出可以控制 OLED 显示屏的程序。

3. 建模

在理解了问题的各个部分后,我们需要建立一个模型来解决这个问题。可以选择一个简单的动画或文字效果作为起点,例如让一个字母在 OLED 显示屏上移动。可以使用图形化编程工具,通过拖拽和组合不同的代码块来构建程序。

二、教学目标

（1）通过学习 OLED 显示屏的操作方法和编程实践【过程】，学生能够理解 OLED 显示屏的工作原理和特点，掌握在掌控板 OLED 显示屏上显示静态及动态文字的技能【结果】，并能成功编写和展示相关的程序【表现】。

（2）通过老师的讲解与互动练习【过程】，学生能够理解掌控板显示屏中的坐标系统及其作用，能够在编程时正确使用坐标系来控制显示内容的位置【结果】，并在实践中展示对坐标系统的应用能力【表现】。

（3）学生能够运用所学的 OLED 显示屏知识，包括显示文字、动态效果等【过程】，自主设计一个简单但具有创意的 OLED 显示程序【结果】，并能向同学们简要解释设计思路和实现过程【表现】。

三、评价标准

1. 评价标准一

（1）学生能够准确描述 OLED 显示屏的工作原理和特点。

（2）学生能够在掌控板 OLED 显示屏上正确显示静态文字，要求无错别字、格式正确且清晰可见。

（3）学生能够编写并成功运行显示动态文字的程序，要求文字移动流畅、无闪烁。

2. 评价标准二

（1）学生能够准确解释掌控板显示屏坐标系统的基本概念和作用。

（2）学生在编程时能够正确运用坐标系来控制显示内容的位置，无偏差或错位。

（3）学生在实践活动中能够迅速准确地使用坐标系完成任务，展示熟练的应用能力。

3. 评价标准三

（1）学生设计的 OLED 显示程序必须包含至少一种所学的 OLED 显示技术（如文字显示、动态效果等）。

（2）学生的设计需体现出一定的创意性，不只是技术的简单应用。

（3）学生能够清晰、有条理地向同学们解释其设计思路和实现过程，表现出良好的沟通和表达能力。

四、显示静态文字

通过编写程序，我们可以让掌控板显示文字，如图 3-12 所示。

1. 屏幕显示模块

在"掌控"类别中找到"屏幕显示"，将第一个子模块拖入编程区，如图 3-13 所示。

图 3-12　显示静态文字

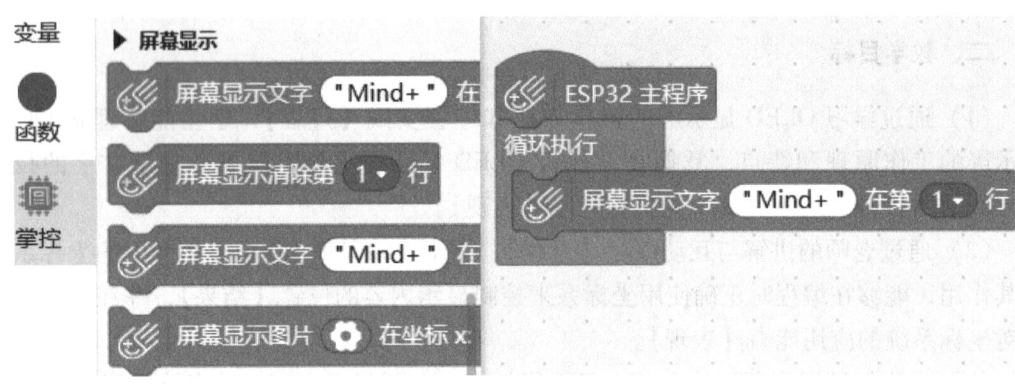

图 3 – 13　屏幕显示

2. 修改默认文字

鼠标左键单击选中的默认文字,将模块中的默认文字修改为"美丽中国",上传程序,如图 3 – 14 所示。

上传成功后,掌控板的显示屏上出现"美丽中国"四个字,如图 3 – 12 所示。

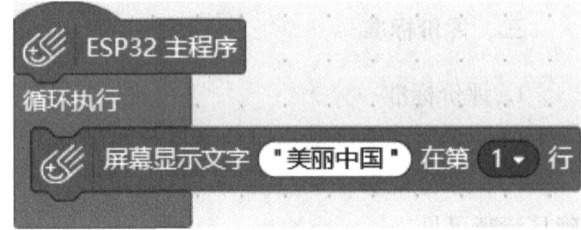

图 3 – 14　修改默认文字

【实践】

请自己修改默认文字,将文字改为你自己想要表达的内容,测试并检验显示效果。

五、OLED 屏幕

掌控板配备了一块 1.3 英寸的 OLED 显示屏,如图 3 – 15 所示。那么,究竟什么是 OLED(Organic Light-Emitting Diode)显示屏呢?简而言之,显示屏即屏幕,主要用于展示图像。如今,OLED 显示屏已成为市场上颇受欢迎的一种主流显示屏。OLED 又称有机电激光显示,这一重大发现要归功于美国华裔教授邓青云,他在 1979 年的实验室研究中成功实现了这一突破。

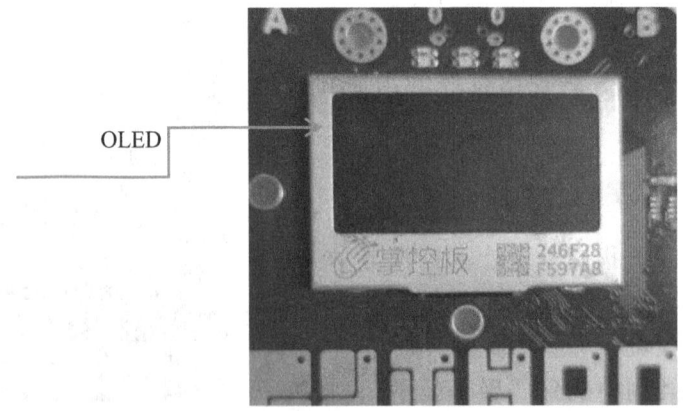

图 3 – 15　OLED 显示屏

OLED 显示屏采用了一种极薄的有机材料涂层，具有自发光的特性。也就是说，当电流通过这些有机材料时，它们便会发出光线。相较于传统显示屏幕，OLED 在技术上具有划时代的优势。其具备广视角、近乎无限高的对比度、低功耗、超高反应速度以及全彩化等特点，同时制造过程也相对简单。由于 OLED 材料能够自主发光，无须额外的背光源，因此可以大幅简化生产工艺并减小设备体积。

六、掌控板的坐标

什么是掌控板的坐标？掌控板上的 OLED 屏幕就像一个小小的城市，每一个点都有它的"门牌号"，这个"门牌号"在掌控板的世界里被称为"坐标"。如图 3-16 所示，显示屏上的居中文字就是利用这样的坐标做出来的。

坐标是一个点在空间中的位置表示。在掌控板的 OLED 屏幕上，坐标可以帮助我们确定文字或图像显示的具体位置。

如何理解掌控板 OLED 屏幕的坐标？坐标系如图 3-17 所示。

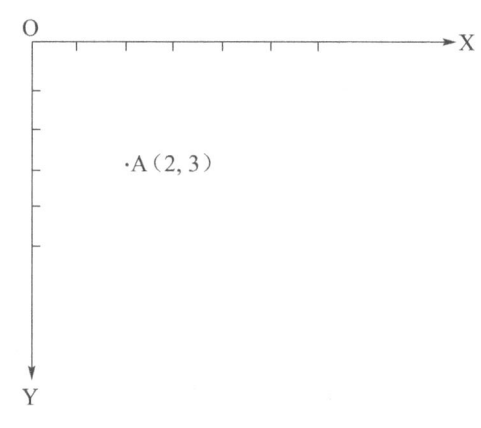

图 3-16　居中显示的文字　　　　　图 3-17　坐标系

原点 (0, 0)：屏幕的左上角是坐标系的起点，就像城市的中心点一样，我们称之为原点，它的坐标是 (0, 0)。

X 轴：从左到右的一条水平线，数值从左到右逐渐增大。

Y 轴：从上到下的一条垂直线，数值从上到下逐渐增大。

确定位置：每一个点在屏幕上都可以用一对数字 (x, y) 来表示。比如，点 A (2, 3) 就表示在屏幕上水平方向 2 个单位、垂直方向 3 个单位的位置。

七、多种显示方式

除了显示文字以外，掌控板还可以显示图形以及自己绘制的图形，如图 3-18 所示。

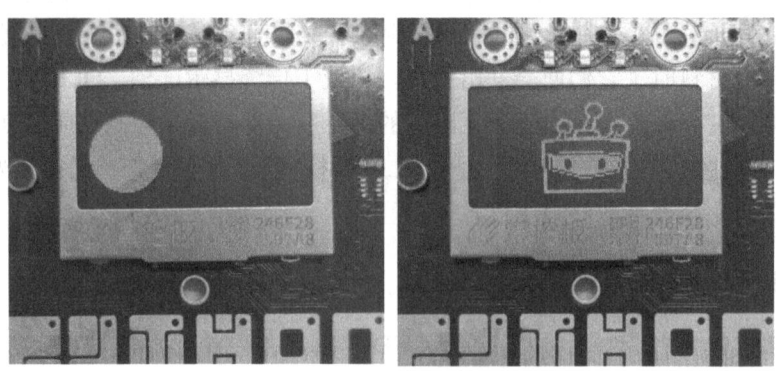

图 3-18 显示和绘制图形

【试一试】可以试着在掌控板上编写一个简单的程序,让 OLED 屏幕在特定坐标显示一个你喜欢的符号或文字。比如,在坐标(50,50)显示一个心形符号♥。

记住,掌控板上的坐标系就像是我们给每个点定了一个位置,通过编程,我们可以让掌控板在这个位置上展示我们想要的内容。

【讨论】请与小组里同学一起讨论图 3-19 所示的程序实现了什么功能?

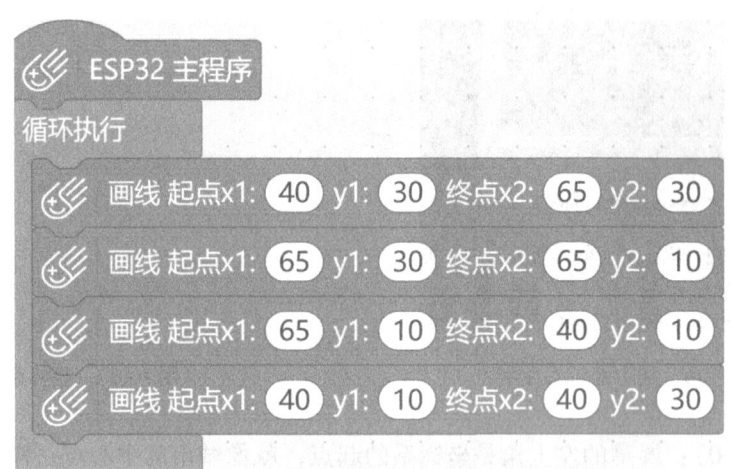

图 3-19 绘制图形

【迁移】请思考,今天所学的内容可以用来解决生活中的哪些问题?请写在下面的横线上。

_____

_____

八、项目创作

请同学们利用掌控板和 Mind+ 编程软件,把创意变为现实吧。

1. 材料准备

将小组准备的材料写在下面的横线上。

小组准备的材料有：_____
_____。

2. 硬件连接
请将连接图画在下面的方框中。

```
┌─────────────────────────────────────────────────────────────┐
│                                                             │
│                                                             │
│                                                             │
│                                                             │
│                                                             │
│                                                             │
└─────────────────────────────────────────────────────────────┘
```

3. 程序编写
请将程序的流程图画在下面的方框中。

```
┌─────────────────────────────────────────────────────────────┐
│                                                             │
│                                                             │
│                                                             │
│                                                             │
│                                                             │
│                                                             │
└─────────────────────────────────────────────────────────────┘
```

4. 作品测试
测试并完善作品。可以加上合适的外观。

九、项目分享与评价

1. 作品分享与展示
（1）环节组成。
介绍作品功能及制作过程（时间 5 分钟）；接受其他小组的提问并回答（时间 3 分钟）。
（2）注意事项。
①作品展示环节应该现场演示作品具体的功能如何实现。
②演示环节需要注意安全，必要时请佩戴护目镜和劳保手套等。
2. 项目评价
请按照本书附录中的项目化学习评价量规对本项目进行自评和互评。

第三节 闪烁的 LED 灯

【情境】在一个神秘的森林中，藏着一个古老的宝藏。这个宝藏被一种特殊的机关保护着，只有当某个神秘的信号灯以特定的闪烁模式亮起时，宝藏的入口才会显现。这个信号灯其实就是一个 LED（light emitting diode）灯，而控制这个 LED 灯的关键就是一系列神秘的编程指令。

【驱动性问题】你能否解开这些编程指令的秘密，通过编程让 LED 灯以正确的模式闪烁，从而打开宝藏的入口呢？

一、分析问题

（一）抽象

首先，我们需要从具体的探险寻宝情境中抽象出核心问题。在这个情境中，核心问题就是如何通过编程控制 LED 灯的闪烁模式。

理解：编程是一种给出指令让计算机（或微控制器）执行特定操作的方式。而 LED 灯的闪烁，就是通过编程给出的高低电平指令来控制的。

（二）分解

接下来，我们将这个核心问题分解成更小、更易于解决的子问题。

子问题 1：理解数字输出。需要知道数字输出就是给设备（如 LED 灯）发送开或关的信号。这个信号可以是高电平（通常代表开）或低电平（通常代表关）。

子问题 2：学习编程基础。需要学习如何通过编程来控制数字输出，即如何编写程序让掌控板发送高电平或低电平信号给 LED 灯。

子问题 3：实现 LED 灯闪烁。需要理解通过交替发送高电平和低电平信号，可以让 LED 灯实现闪烁效果。我们需要编写一个程序，让 LED 灯按照特定的频率（比如亮 1 秒，灭 1 秒）闪烁。如图 3-20 所示。

（三）建模

通过建模将抽象的问题和分解后的子问题具体化，形成一个可执行的解决方案。

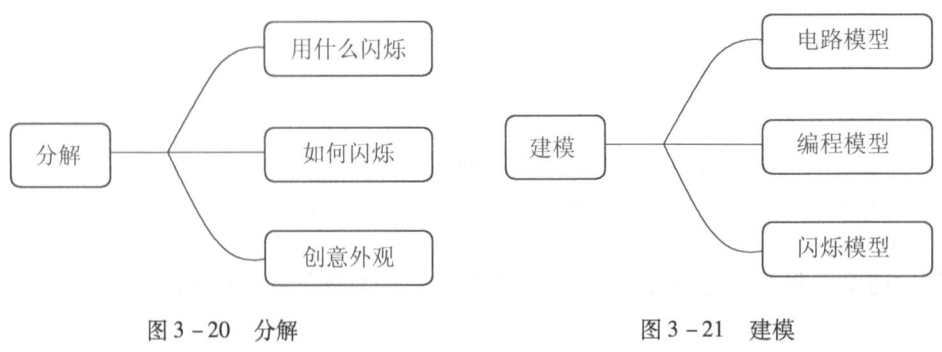

图 3-20　分解　　　　　　　　　图 3-21　建模

模型1：电路模型。可以动手搭建一个简单的电路模型，包括掌控板、扩展板和LED灯。这个模型将帮助我们理解如何通过物理连接来控制LED灯。

模型2：编程模型。可以使用图形化编程软件（如Mind+或Arduino IDE的图形化编程环境），通过拖拽和组合不同的代码块来编写程序。这个模型将帮助我们理解编程的基本概念和逻辑结构。

模型3：闪烁模型。可以通过调整程序中延时的时间长度，来改变LED灯的闪烁频率。这个模型将帮助我们理解如何通过编程实现特定的功能效果。如图3-21所示。

二、教学目标

（1）通过学习和实践操作数字输出技术【过程】，学生能够理解高电平和低电平对LED灯亮灭的控制原理【结果】，从而能够独立完成LED灯的闪烁设置，实现灯亮1秒钟，再灭1秒钟的循环效果【表现】。

（2）通过指导和实践操作掌控板扩展板【过程】，学生能够正确地将LED灯接在扩展板上，并注意到正负极的正确连接【结果】，避免因接错导致设备损坏，展现出良好的电子操作技能【表现】。

（3）利用顺序结构设计并编写程序【过程】，学生能够编写并运行一个程序，实现LED灯按照预设的闪烁频率（亮1秒，灭1秒）进行工作【结果】，从而表现出对编程逻辑的理解和应用能力【表现】。

（4）通过创意设计和手工制作【过程】，学生能够为LED闪烁作品设计一个简单但具有创意的外观（如纸盒、KT板等）【结果】，使作品既实用又具有观赏性，展现出其创意和设计能力【表现】。

三、评价标准

1. 评价标准一
（1）学生能够准确描述数字输出以及高电平和低电平的概念。
（2）学生能够正确操作掌控板，通过编程控制LED灯的亮与灭。
（3）学生能否准确解释高电平和低电平如何控制LED灯的亮与灭。
（4）学生能否通过编程实现LED灯以正确的频率（亮1秒，灭1秒）闪烁。

2. 评价标准二
检查学生的LED灯连接是否牢固且正确，正负极是否接对。

3. 评价标准三
（1）学生的程序是否能够成功编译并运行，能否实现LED灯的闪烁效果。
（2）学生的程序逻辑是否清晰，是否采用了顺序结构。

4. 评价标准四
（1）学生的作品外观设计是否具有创意和实用性。
（2）学生的手工制作是否精细，外观是否美观。

5. 评价方法

（1）对于数字输出技术的理解与操作，可以通过书面测试、口头提问或实际操作来评估。

（2）连接LED灯的正确性可以通过实际观察和检查连接情况来评估。

（3）编程能力可以通过检查学生的程序代码和运行效果来评估。

（4）创意设计与手工制作能力可以通过展示学生完成的作品，并结合学生的设计思路和制作过程来评估。

四、连接掌控板与LED灯

（一）LED灯的原理

LED即发光二极管，是一种能够将电能转化为可见光的固态半导体器件。LED灯的工作原理主要基于电致发光效应。当电流通过由电子和空穴组成的PN结时，它们会在结区相互碰撞并释放能量。这种能量的释放会传递到LED芯片中的半导体材料，从而激发出光子，产生可见光。

由于LED灯的发光原理是基于半导体材料的直接带隙跃迁，因此其发光效率非常高，能够将大部分电能转化为光能，而不会产生过多的热量或红外线。LED灯的工作原理是将电能直接转换为光能，具有高效、节能、环保等优点。同时，由于其体积小、重量轻、寿命长等特性，LED灯在照明领域得到了广泛的应用。LED灯如图3-22所示。

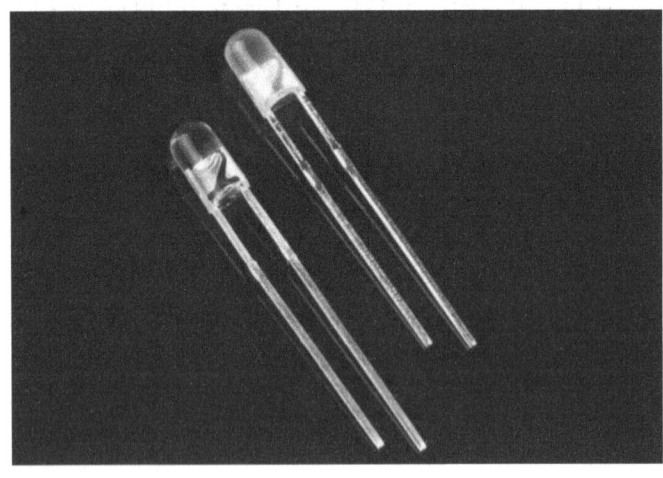

图3-22 LED灯

（二）连接LED灯与掌控板

由于掌控板本身没有引脚可以直接与其他传感器进行连接，如果需要引入其他传感器，就需要借助扩展板。如图3-23所示。

该扩展板引出10路数字/模拟3Pin口、两路IIC口以及一路UART口；板载两路电机驱动，且不占用额外引脚；板载PH2.0及microUSB两种供电口，既可以通过USB线也可以通过电池盒或者锂电池供电，供电电压3.5～5V，板载开关，可以开、关外接供电电源；板载一个高品质蜂鸣器，且带有开关控制，可以随时关闭蜂鸣器；引出了9个鳄鱼夹接口；兼容掌控的触控金手指。扩展板兼容乐高尺寸孔位，可以与乐高进行拼插结合。

图3-23 掌控板扩展板

图3-24 杜邦线

（三）杜邦线

杜邦线主要用于电子电路实验中，一端具有插针或插座，便于与电子元器件和电路板连接。它们通常用于实验板的引脚扩展、增加实验项目等，可以牢固地与插针连接，使用时无须焊接，这使得电路实验可以快速进行而不占用太多空间。杜邦线在电子产品领域的应用非常广泛，如图3-24所示。

（四）连接电路图

LED灯的正极一般接在扩展板P0接线柱的信号线上；LED灯的负极一般接在扩展板P0接线柱的负极上，电路图如图3-25所示。

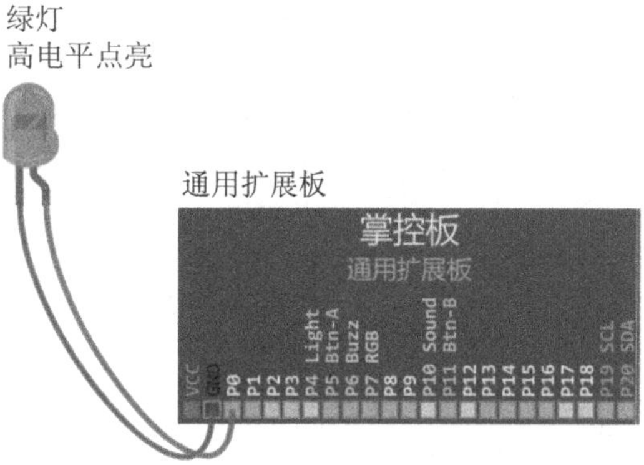

图3-25 电路图

五、数字信号与数字输出

（一）数字信号

数字信号就是一种特别的信息传递方式。可以想象一下，数字信号就像我们用手电筒闪烁来传递信息一样。手电筒亮起来，就像是我们说的"1"，而手电筒灭掉，就像是"0"。通过不同的闪烁方式，我们可以传递出不同的信息。

数字信号在计算机、手机和其他电子设备中非常重要，因为它们可以非常清晰地传递信息而不容易出错。而且，数字信号可以很容易地被复制和传输，不会失真。这就像是我们把一个信息完美地"拷贝"给另一个人，不会有任何改变。如图3-26所示。

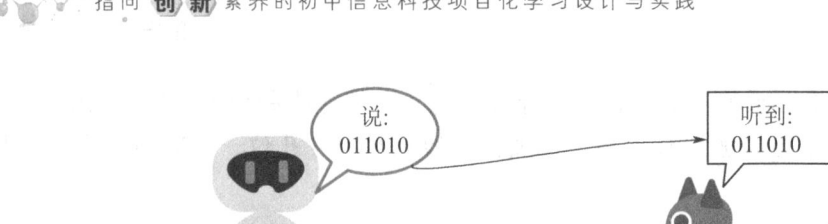

图 3-26 数字信号

（二）数字输出

在掌控板的引脚中，有数字引脚、模拟引脚；我们可以对数字引脚进行数字输出。如图 3-27 所示。

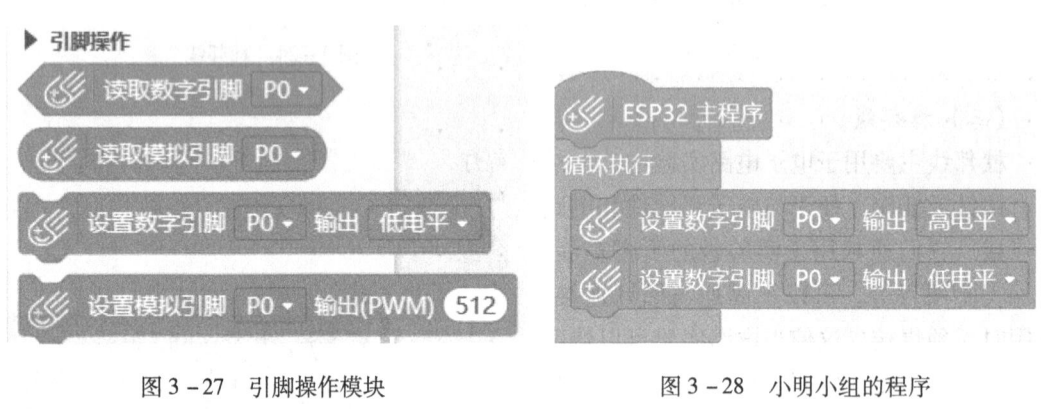

图 3-27 引脚操作模块　　　　　图 3-28 小明小组的程序

【猜想】低电平的意思是：_____；高电平的意思是：_____。

六、顺序结构

小明所在的小组，为了实现 LED 灯闪烁的效果，他们将 LED 灯接在了扩展板的 P0 引脚，并编写了如图 3-28 所示的程序。

【讨论】小明小组的程序能实现 LED 灯闪烁的效果吗？为什么？

_____

_____。

小华所在的小组在小明小组程序的基础上，增加了"等待 1 秒"的模块，如图 3-29 所示。

【知识建构】图 3-29 中"循环执行"模块中从上到下有 4 行代码，程序的执行也是从上到下按顺序逐条执行，像这种程序按照顺序执行的算法控制结构，我们称之为顺序结构。生活中有很多的顺序结构，比如我们先刷牙再洗脸，然后吃早餐；比如先打开冰箱门然后拿出冰冻饮料再关上冰箱门，等等。

【交流】你觉得身边还有哪些顺序结构？请与组内同学交流。

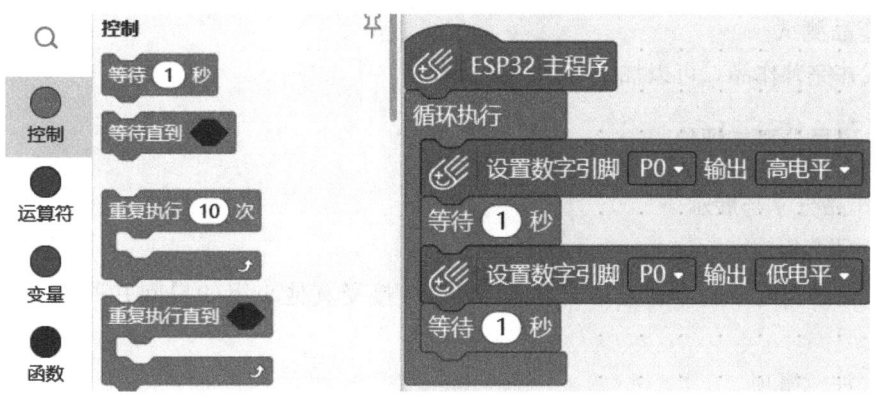

图 3-29　小华所在小组的程序

七、项目创作

请同学们利用众创物联板和 Mind + 编程软件，把创意变为现实。

1. 材料准备

将小组准备的材料写在下面的横线上。

小组准备的材料有：_____

_____。

2. 硬件连接

请将连接图画在下面的方框中。

3. 程序编写

请将程序的流程图画在下面的方框中。

4. 作品测试

测试并完善作品。可以加上合适的外观。

八、项目分享与评价

1. 作品分享与展示

（1）环节组成。

介绍作品功能及制作过程（时间 5 分钟）；接受其他小组的提问并回答（时间 3 分钟）。

（2）注意事项。

①作品展示环节应该现场演示作品具体的功能如何实现。

②演示环节需要注意安全，必要时请佩戴护目镜和劳保手套等。

2. 项目评价

请按照本书附录中的项目化学习评价量规对本项目进行自评和互评。

第四节　智能门铃

【情境】小明家的门铃响了，小明没有去看猫眼，但是小明知道有人到访，在家里能听到铃声。

【驱动性问题】如何设计制作一款门铃，按下按钮就能发出"叮咚"的声音？

一、分析问题

在本节中，我们将学习如何使用掌控板制作一个智能门铃。智能门铃的主要功能是当客人按下门铃时，在家里就能听到铃声。

图 3-30　智能门铃

1. 抽象

首先，我们需要从具体的功能需求中抽象出智能门铃的核心功能。在这个例子中，核心功能是：当按钮被按下时，蜂鸣器发出声音。

2. 分解

我们将问题分解为：按下按钮、_____两个子问题。

3. 建模

如果按钮被按下，蜂鸣器就发出声音。这是算法的三种基本控制结构的哪一种？

_____

_____。

二、教学目标

（1）通过学习数字信号的基本概念和特性【过程】，学生能够准确解释数字信号及其在现代通信中的作用【结果】，能在给定场景中识别并描述数字信号的应用实例【表现】。

（2）通过探究数字输入的原理和常见设备【过程】，学生能够理解数字输入如何将模拟信号转换为数字数据【结果】，并能在实验中正确操作数字输入设备，记录并分析输入信号的变化【表现】。

（3）通过拆解和组装简单按钮电路【过程】，学生将掌握按钮控制电流通断的基本原理【结果】，并能独立搭建一个功能正常的按钮控制电路，展示按钮在实际电路中的应用效果【表现】。

（4）通过学习蜂鸣器的工作原理和类型【过程】，学生能够解释蜂鸣器如何产生声音【结果】，并能在实践中连接蜂鸣器电路，通过调整输入信号来改变蜂鸣器的发声频率和音量，展示蜂鸣器在报警或提示系统中的应用【表现】。

三、评价标准

（一）数字信号的评价标准

（1）理解程度：学生能够准确阐述数字信号的定义，学生能够列举并解释数字信号在智能家居中的至少两个应用实例。

（2）分析能力：给定一个模拟信号和数字信号的波形图，学生能够正确区分并解释它们的差异。

（3）应用能力：在模拟实验中，学生能够根据指示灯或示波器的显示，正确识别数字信号的状态变化。

（二）数字输入的评价标准

（1）知识掌握：学生能够清晰解释数字输入的基本原理；能够至少列举两种常见的数字输入设备，并说明它们在智能家居中的应用。

（2）实验操作：学生能够独立操作实验设备，正确连接数字输入电路，并记录实验结果。

（3）问题解决：在面对数字输入设备故障时，学生能够运用所学知识至少提出一种可能的解决方案。

（三）按钮的简单原理及应用的评价标准

（1）原理理解：学生能够准确描述按钮的工作原理，能够解释常闭按钮和常开按钮的区别。

（2）实践技能：学生能够独立完成按钮电路的搭建，并确保电路功能正常。

（3）创新思维：鼓励学生设计基于按钮控制的智能家居小项目，并能够清晰阐述项目的工作原理和实用价值。

（四）蜂鸣器的简单原理及应用的评价标准

（1）知识掌握：学生能够解释蜂鸣器的工作原理及其类型，能够说明蜂鸣器在智能家居中的至少一个应用场景。

（2）技能应用：学生能够正确连接蜂鸣器电路，并通过调整输入信号，实现蜂鸣器发声的变化。

（3）团队合作：在小组项目中，学生能够与其他成员协作，共同设计并展示一个使用蜂鸣器的智能家居报警系统。

四、认识按钮

按钮是一种控制电器或机器的装置。它通常是一个小的物理部件，可以通过按下或触摸来操作，如图 3 – 31 所示。

按钮开关的工作原理相对简单。当按下按钮时，会触发一个机械或电子的动作。在机械按钮开关中，按下按钮会使内部的触点相互接触，从而完成电路的导通。这就像打开一扇门，允许电流通过。

图 3 – 31　按钮

【讨论】请在小组中讨论，按钮有哪些作用？

把按钮比作一个魔法按钮，按下它就像施了魔法一样，电器开始工作或停止工作。

把按钮比作一个门，按下按钮就像打开门，让电流可以通过。

举例说明，如电灯开关，按下按钮，灯就亮了；再按一下，灯就灭了。

【知识建构】数字信号是一种用来传输信息的方式。

它有以下几个特点：

（1）只有两种状态：通常用 0 和 1 来表示。

（2）精确：信号的解读非常明确，没有模糊性。

（3）易于处理：电脑等设备可以很容易地对它进行处理和存储。

把数字信号当作只有两个颜色的信号灯，要么是红色，要么是绿色。就像开关一样，只有开和关两种状态。比如电脑里的文件，要么存在，要么不存在，这就是数字信号的体现。

五、IPO 模型

在计算机系统中，输入、处理、输出的这种模型被称为 IPO 模型，如图 3 – 32 所示。

图 3 – 32　IPO 模型

（1）输入：掌控板上的传感器（如光线传感器、温度传感器）可以检测环境中的信息，这些信息就是输入。

（2）处理：掌控板上的微控制器（如 Arduino）会对这些信息进行处理，比如比较、计算等。

（3）输出：处理后的结果可以通过掌控板上的 LED 灯、蜂鸣器等输出设备展示出来。

按钮是一种数字输入设备，请在小组内讨论，掌控板上还有哪些数字输入设备？请填写在下面的横线上。

_____

_____。

六、蜂鸣器

蜂鸣器是一种能发出声音的装置，如图 3-33 所示。

图 3-33　蜂鸣器正面和背面

它的工作原理是通过电流来产生声音。当电流通过蜂鸣器时，它会产生振动，从而发出声音。

蜂鸣器通常有以下特点：

（1）体积小：方便安装在各种设备中。

（2）声音响亮：容易引起人们的注意。

（3）使用简单：只需提供电流即可工作。

把蜂鸣器比作一个小喇叭，它可以发出各种声音。它就像一个会唱歌的小精灵，当有电流通过时，它就会开始唱歌。比如闹钟的响铃、电子设备的提示音等。

七、硬件连接与电路图

通过扩展板、杜邦线等，可以将控制器与按钮、蜂鸣器进行连接。开源硬件 Arduino 实现门铃效果的电路图如图 3-34 所示。

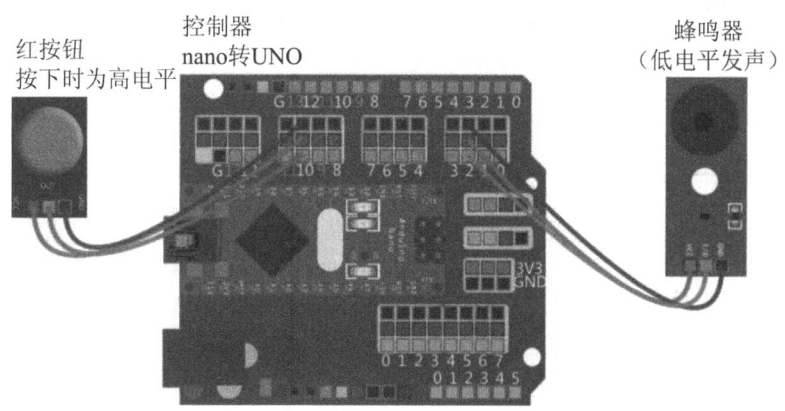

图 3-34　Arduino 实现门铃效果的电路图

掌控板上已经集成了按钮和蜂鸣器，内部电路已经连接好了，我们只需要编写控制程序即可。

八、程序设计

【算法设计】根据智能门铃的模型可以知道，智能门铃是一个判断的模型，判断类模型我们在流程图中一般用 ◇ 来表示。请在图 3-35 的横线上写上合适的内容。

【程序编写】参考程序如图 3-36 所示。

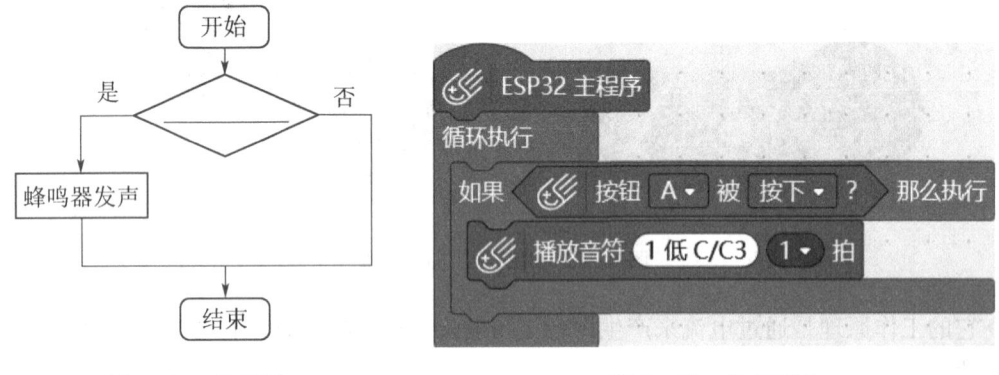

图 3-35　流程图　　　　　　　　图 3-36　参考程序

【应用迁移】请思考，今天所学的内容可以用来解决生活中的哪些问题？请写在下面的横线上。

_____

_____。

九、项目创作

请利用众创物联板和 Mind+ 编程软件，把创意变为现实。

1. 材料准备

将小组准备的材料写在下面的横线上。

小组准备的材料有：_____

_____。

2. 硬件连接

请将连接图画在下面的方框中。

3. 程序编写

请将程序的流程图画在下面的方框中。

4. 作品测试

测试并完善作品。可以加上合适的外观。

十、项目分享与评价

1. 作品分享与展示

（1）环节组成。

介绍作品功能及制作过程（时间 5 分钟）；接受其他小组的提问并回答（时间 3 分钟）。

（2）注意事项。

①作品展示环节应该现场演示作品具体的功能如何实现。

②演示环节需要注意安全，必要时请佩戴护目镜和劳保手套等。

2. 项目评价

请按照本书附录中的项目化学习评价量规对本项目进行自评和互评。

第五节　旋钮台灯

【情境】夜幕降临，在一个充满现代科技气息的智能家居体验馆中，灯光逐渐温暖起来。同学们被邀请来体验最新款的智能家居设备。当同学们走进一个装饰典雅的房间时，目光被一盏造型独特的台灯吸引住了。这盏台灯与众不同，它的亮度可以随着旁边一个小巧的旋钮的转动而自由变化，营造出不同的氛围。

大家好奇地围了上去，轻轻地转动旋钮，台灯的亮度随之改变，房间里的氛围也随之发生了微妙的变化。同学们都被这种神奇的变化所吸引，开始讨论起这盏台灯背后可能隐藏的技术。

【驱动性问题】这盏台灯的亮度为什么可以通过旋钮来自由调节呢？

一、分析问题

1. 抽象

首先，我们需要从具体的功能需求中抽象出旋钮台灯的核心功能，在这个例子中，台灯的核心功能是：调节旋钮，灯的亮度相应发生变化。

2. 分解

在旋钮台灯的设计与制作过程中，"分解"层面的思维活动主要体现在将整体任务细化为更小、更具体的子任务或步骤。这种分解有助于有序地推进项目，确保每个部分都得到妥善处理。分解任务如图3-37所示。

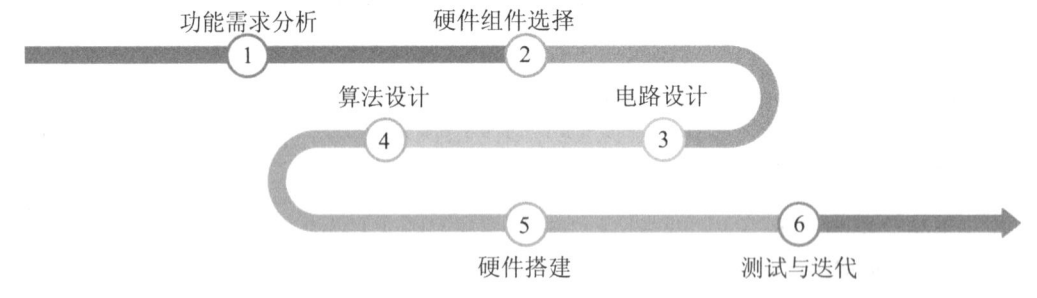

图 3-37　任务分解

3. 建模

旋钮台灯的设计与制作任务可以归类为一个系统设计与控制模型。在这个模型中，我们关注的是如何设计一个能够实现特定功能（如亮度调节）的物理系统，并且这个系统能够通过用户的输入（旋钮的转动）动态地调整其输出（台灯的亮度），如图3-38所示。

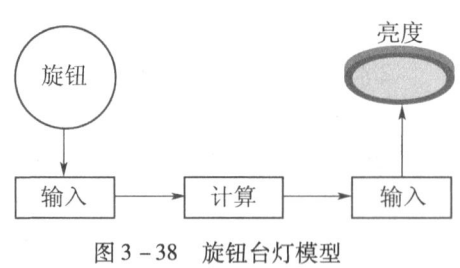

图 3-38　旋钮台灯模型

二、教学目标

（一）数字输出

通过"理解数字输出的基本概念和操作方法的过程"，学生获得"掌握数字输出工作原理的结果"，形成"能够准确描述数字输出在智能家居系统中的应用表现"。

（二）旋钮（旋转电位器）的使用及简单原理。

通过"探究旋钮的基本使用方法和学习其工作原理的过程"，学生获得"了解旋钮如何调节电阻值以及控制电流大小的结果"，能完成"独立操作旋钮，并解释其在家居功能调节中的作用的表现"。

（三）映射模块（软件平台中从0-1023范围映射到0-255范围）

通过"学习数据映射原理和实践操作映射模块的过程"，学生获得"掌握将一个数值范围映射到另一个数值范围的方法的结果"，形成"在软件平台上熟练设置和应用数值映射的能力表现"。

（四）学生完成旋钮台灯的设计与制作

通过"设计规划、动手制作旋钮台灯并调试其功能的过程"，获得"成功地制作出一个旋钮台灯，实现旋钮调节灯亮度的结果"，能完成"展示并解释旋钮台灯的工作原理和亮度调节机制的表现"。

三、评价标准

1. 评价标准一

（1）理解程度：学生能够准确解释数字输出的基本概念及其在智能家居中的应用。

（2）应用能力：学生能够在实际操作中正确运用数字输出，操作无误。

2. 评价标准二

（1）知识掌握：学生能够清晰阐述旋钮的工作原理，包括电阻调节和电流控制。

（2）操作技能：学生能够熟练使用旋钮，且能够准确描述旋钮操作对家居设备功能的具体影响。

3. 评价标准三

（1）理解深度：学生能够理解映射模块的工作原理，包括数值范围转换的逻辑。

（2）实践能力：学生能够在软件平台上独立完成数值映射的设置，且映射结果准确无误。

4. 评价标准四

（1）设计创意：学生设计的旋钮台灯具有新颖性和实用性，能够体现对智能家居设计的独特理解。

（2）制作技能：学生制作的旋钮台灯功能完善，旋钮调节灯的亮度变化平滑且响应灵敏。

（3）展示交流：学生能够清晰地向他人介绍旋钮台灯的工作原理、设计思路和制作过程，并回答相关问题。

（4）书面测试：通过简答题、选择题等形式，测试学生对数字输出、旋钮原理和映射模块等知识点的掌握情况。

（5）口头反馈：鼓励学生之间进行互评，以及向教师提供反馈，以便及时调整教学策略和满足学生的学习需求。

四、认识旋转电位器

旋转电位器，就是前面说到的那个旋钮，其实就像一个可以调节电量的小开关。你可以把它想象成一个水龙头，当你转动水龙头的时候，水就会流得更多或者更少。旋转电位器也是这样，只不过它控制的是电，而不是水。当你转动这个旋钮的时候，它就可以让电流变得更强或者更弱，从而控制我们台灯的光亮程度。所以，旋转电位器就是帮助我们轻松调节电量的小工具。如图3-39所示。

表 3-6 旋转电位器接线表

标识	说明
GND	负极
VCC	正极
OUT	信号

图 3-39 旋转电位器（旋钮）

【讨论】旋转电位器属于输入还是输出设备？

_____。

（一）连接旋钮与掌控板

我们通过掌控板的扩展板将旋钮与掌控板进行连接。其中，旋钮接在扩展板的 P0 端口。电路图如图 3-40 所示。

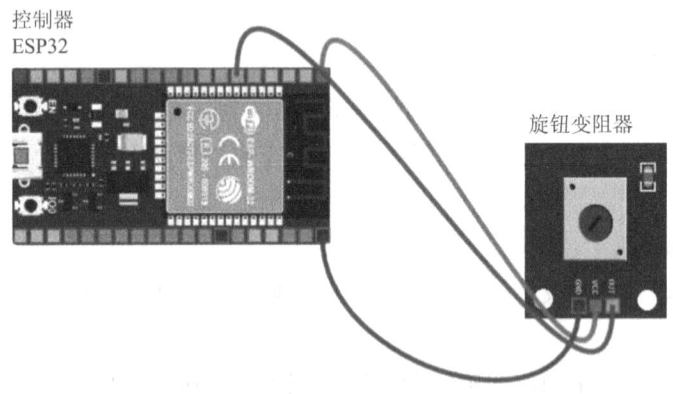

图 3-40 电路图

【知识建构】模拟信号：模拟信号是一种连续变化的信号，可以在一定范围内取任意值。在旋转电位器中，当旋钮被转动时，它会改变电阻值，从而改变电路中的电流或电压。这种变化是连续的，可以对应到旋钮转动的任意角度，是一种模拟信号。

（二）编写监测程序

我们在旋动旋钮进行调节的时候，如何知道旋钮的数值是多少呢？可以通过 Mind + 的串口监视器来查看数值（图 3-41、图 3-42）。

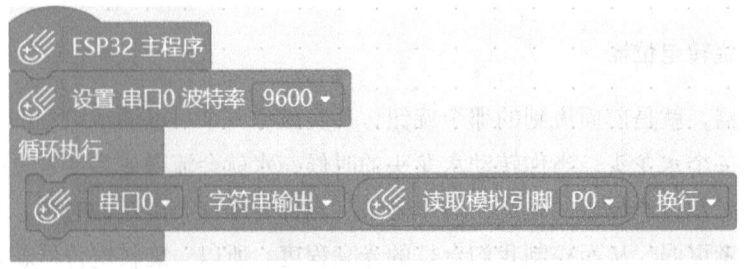

图 3-41 串口打印

【知识建构】串口，简单来说，就是设备之间用来"聊天"的一个特殊通道。你可以想象成两个小朋友之间用来传纸条的小洞口，他们通过这个洞口把纸条

图 3-42　设置串口

（信息）传来传去。在计算机和其他电子设备中，串口就像是这样一个小洞口，只不过它传输的是电子信号，而不是纸条。这些电子信号可以告诉设备要做什么，就像纸条上的文字告诉小朋友要做什么一样。所以，串口就是电子设备之间用来"说话"和"听话"的重要通道。

【知识建构】串口波特率可以解释为电子设备之间通过串口"聊天"时的"语速"。就像我们说话一样，有的人说得快，有的人说得慢，而波特率就是用来衡量串口通信时数据传输的快慢。它表示的是每秒钟可以传输多少个数据位（bit）。

（三）打开串口监视器进行监测

将图 3-41 中的程序上传到掌控板中后，需要单击"打开窗口"，才可以调出"串口监视器"，如图 3-43 所示。

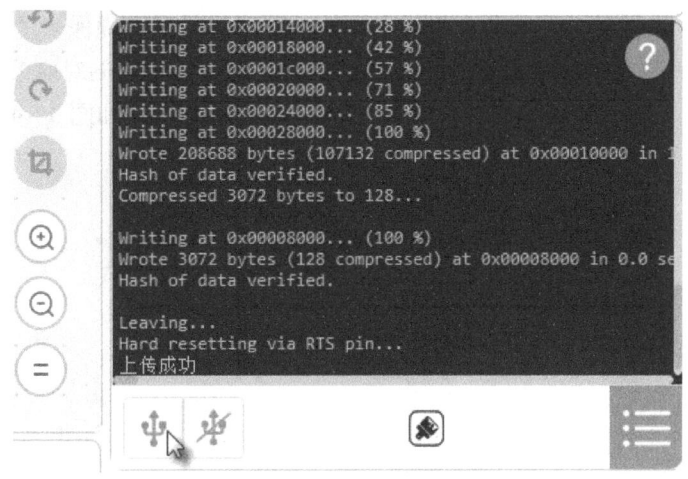

图 3-43　打开串口监视器

旋动旋钮，可以看到串口监视器中的数值随之而变化，如图 3-44 所示。

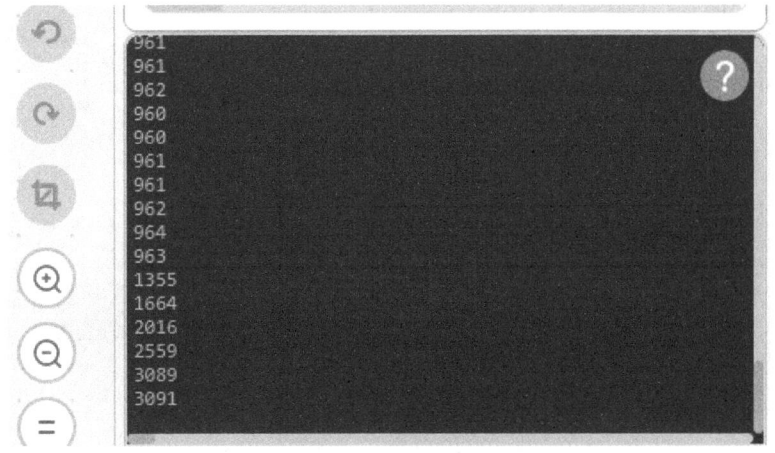

图 3-44　监测数值变化

【实验探究】

请测试旋钮,在下面写出旋钮的最大值和最小值:_____
_____。

【阅读材料】

脉冲宽度调制(pulse width modulation,PWM)是一种模拟控制方式,简单来说,就是可以对灯光或速度进行调整的方式。

五、映射

旋钮的数据变化范围是 0~4095,而 LED 灯的亮度变化范围一般是 0~1020,从 Mind+平台中 LED 的亮度则是 0~9。可以发现,旋钮的数据变化范围跟 LED 灯的变化范围_____。

如何解决这个问题呢?我们可以利用映射来解决。

【知识建构】映射就是找出两个事物之间的一种对应关系,确保一个事物能够唯一地找到另一个事物,这里我们希望建立旋钮的数值跟灯的亮度之间的对应关系,就需要用到映射。在 Mind+软件"运算符"模块中,有"映射"模块,如图 3-45 所示。

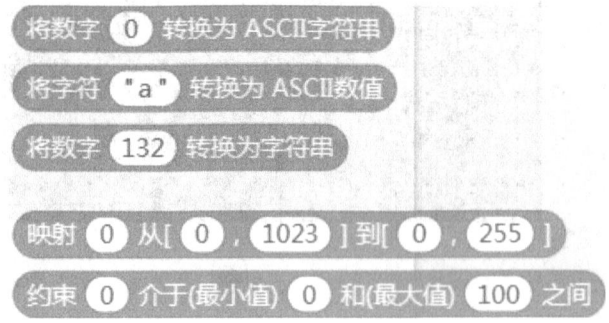

图 3-45 "映射"模块

六、程序实现

程序如图 3-46 所示(供参考)。

图 3-46 参考程序

七、项目创作

请利用众创物联板和 Mind+ 编程软件，把创意变为现实吧。

1. 材料准备

将小组准备的材料写在下面的横线上。

小组准备的材料有：_____

_____。

2. 硬件连接

请将连接图画在下面的方框中。

3. 程序编写

请将程序的流程图画在下面的方框中。

4. 作品测试

测试并完善作品。可以加上合适的外观。

八、项目分享与评价

1. 作品分享与展示

（1）环节组成。

介绍作品功能及制作过程（时间 5 分钟）；接受其他小组的提问并回答（时间 3 分钟）。

（2）注意事项。

①作品展示环节应该现场演示作品具体的功能如何实现。

②演示环节需要注意安全，必要时请佩戴护目镜和劳保手套等。

2. 项目评价

请按照本书附录中的项目化学习评价量规对本项目进行自评和互评。

第六节　智能楼道灯

【情境】在一个社区，居民们享受着高科技带来的便利。其中，最受欢迎的是智能感应楼道灯。每当夜幕降临，社区里的居民走在楼道里，只要他们一发出声音，楼道灯就会立刻亮起，为他们照亮前行的道路。这个神奇的发明不仅节能环保，还为人们带来了极大的安全感。

然而，最近社区的智能楼道灯系统出现了故障，导致很多灯在白天也会亮起，或者在夜晚无法感应声音。大家对此抱怨，社区管理者也感到非常棘手。

【驱动性问题】你能否帮助社区管理者找出智能楼道灯系统故障的原因，并重新设计一个更稳定、更智能的楼道灯系统呢？（你需要考虑如何利用光敏电阻传感器和声音传感器来实现这一功能，并确保楼道灯系统能够在夜晚且有声音时才亮起灯光）。

一、分析问题

（一）抽象

抽象是将具体问题中的关键信息提取出来（图 3-47），忽略次要细节，以便于更好地理解和解决问题。在这个问题中，我们可以抽象出以下几个关键点：

（1）需要设计一个智能楼道灯系统。

（2）系统需要使用光敏电阻传感器和声音传感器。

（3）系统只在夜晚且检测到声音时亮灯。

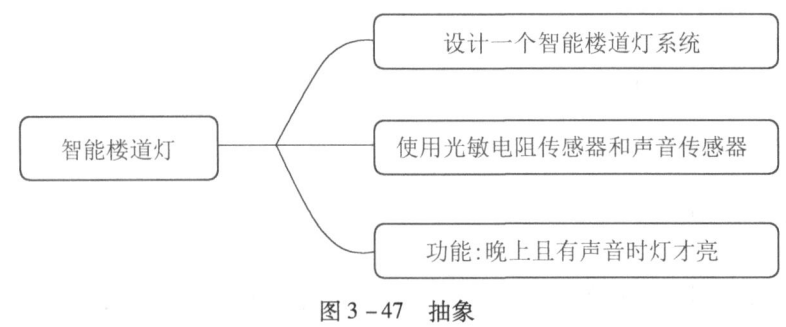

图 3-47　抽象

（二）分解

分解是将复杂问题拆分成更小、更容易解决的子问题。针对这个驱动性问题，我们可以进行如下分解：

子问题1：如何检测光线强度以判断是否是夜晚？

解决方案：使用光敏电阻传感器检测环境光线强度，并设定一个阈值来判断白天或夜晚。

子问题2：如何检测声音？

解决方案：使用声音传感器来检测环境中的声音，并设定一个阈值来触发灯光。

子问题3：如何将光线与声音的检测结合起来控制灯光？

解决方案：使用逻辑表达式（如"与"逻辑）来确保当且仅当光线低于某个阈值（夜晚）且声音高于某个阈值时，灯光才会亮起。

子问题4：如何设计并实现一个稳定的系统？

解决方案：选择合适的硬件和软件平台，编写代码，并进行充分的测试以确保系统的稳定性。

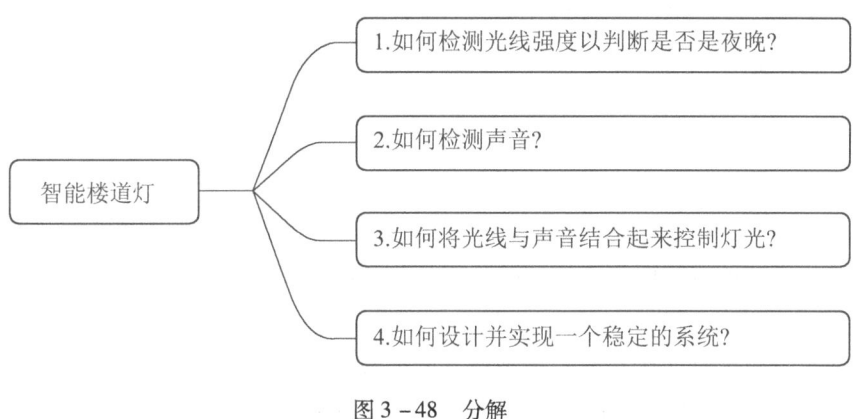

图3-48　分解

(三) 建模

建模是用数学或逻辑的方式表示问题的过程。在这个问题中，我们可以建立一个简单的逻辑模型来描述智能楼道灯系统的行为（图3-49）：

设定光线阈值（L）和声音阈值（S）。

使用光敏电阻传感器读取当前光线值（L0）。

使用声音传感器读取当前声音值（S0）。

如果L0 < L 且 S0 > S，则触发灯光亮起。

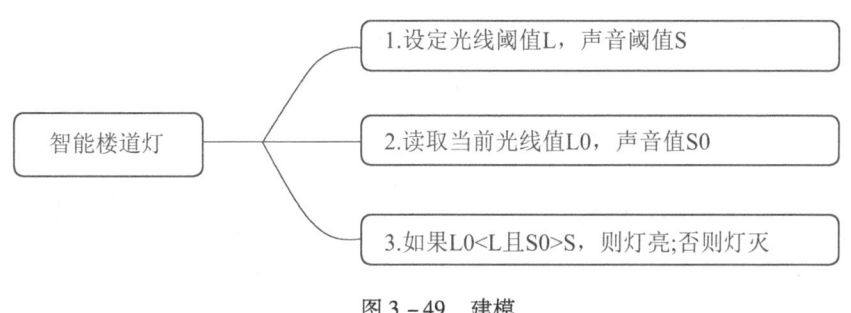

图3-49　建模

二、教学目标

（1）通过学习和实践操作光敏电阻传感器和声音传感器【过程】，学生能够理解光敏电阻传感器的工作原理，并学会在程序中使用逻辑表达式（如"如果是晚上且有声音则开灯"）【结果】，从而能够设计并实现一个简单的智能楼道灯模型，该模型能在晚上且检测到声音时自动亮起【表现】。

（2）通过编写和调试程序来模拟智能楼道灯的效果【过程】，学生将掌握分支结构在编程中的应用，能够实现"如果是晚上就开灯"的逻辑判断【结果】，表现出对编程逻辑的理解和运用能力【表现】。

（3）利用所提供的器材（掌控板、光敏电阻传感器、声音传感器、杜邦线等）和辅助材料（纸盒、雪糕棒、KT板等）【过程】，学生能够动手制作出一个具有简单外观的智能楼道灯模型【结果】，并能在实际操作中演示其智能化功能【表现】。

三、评价标准

1. 评价标准一

（1）学生能够准确解释光敏电阻传感器的工作原理。

（2）学生在编程中正确运用了光敏电阻传感器和声音传感器的读数。

（3）学生编写的程序能够正确判断环境光线和声音的条件，实现智能亮灯功能。

2. 评价标准二

（1）学生编写的程序中包含了正确的分支结构，用以判断时间和声音条件。

（2）学生能够合理解释程序中使用的逻辑表达式（如"如果是晚上且有声音则开灯"）的含义和作用。

（3）程序在运行时能够根据设定的逻辑条件正确控制灯的开关状态。

3. 评价标准三

（1）学生利用所提供的器材和辅助材料制作出了一个结构稳固、外观简洁的智能楼道灯模型。

（2）模型在实际操作中能够稳定工作，当满足夜晚和声音的条件时，灯能够自动亮起。

（3）学生在演示过程中能够清晰地解释模型的工作原理和操作过程。

这些评价标准既关注了学生对于传感器原理的理解和运用，也注重了他们在编程和模型制作方面的实践能力，同时还要求他们能够清晰地表达和演示自己的工作成果。这样的评价标准有助于指导教学活动的设计，确保学生能够全面达到教学目标。

四、光敏电阻传感器

光敏电阻传感器如图3-50所示。

图3-50 光敏电阻传感器

（一）光敏电阻传感器的原理

光敏电阻传感器的工作原理是基于内部光电效应。当光敏电阻传感器受到光照时，其内部的半导体材料会吸收光线并激发出电子，这些电子从半导体的价带跃迁到导带，从而增加了半导体中的自由电子数量。这个过程导致了半导体材料的电导率增大，即电阻值减小。

简单来说，光敏电阻传感器的电阻值会随着光照强度的增加而减小。当光照强度减弱或消失时，被激发的电子会重新与空穴复合，导致半导体的电导率降低、电阻值增大。因此，通过测量光敏电阻传感器的电阻值变化，我们可以推断出光照强度的变化。

（二）掌控板中的光敏电阻传感器

掌控板上也集成了一个可以检测环境光强度大小的光敏电阻传感器，如图 3-51 所示。

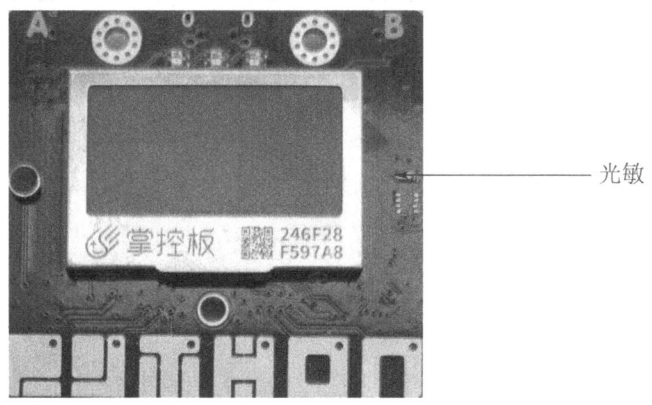

图 3-51 掌控板中的光线传感器

（三）监测光线传感器的值

我们可以通过 ![读取环境光强度] 来实时监测光线传感器检测到的光线的强度值，如图 3-52 所示。

图 3-52 读取环境光强度

【实验】两个同学一组，一个同学负责测试不同光照情况下光线传感器的数值，另一个同学负责将收集到的信息填写在下面的表格中。

表 3-7　光线传感器监测数据表

【思考】通过实验，发现环境光的数值范围是：_____到_____。光线越强，测得的光线强度值越_____。

五、分支结构

分支结构就像是一棵树，根据条件的不同，程序会选择不同的路径去执行。这就像我们在生活中"做选择"一样，根据不同的情况做出不同的决定。

在智能楼道灯系统中，我们需要根据光线和声音的条件来判断是否打开灯光。如果光线很暗，并且检测到了声音，那么我们就打开灯光；否则，我们就保持灯光关闭。这个过程就是一个典型的分支结构。

分支结构的流程图如图 3-53 所示。

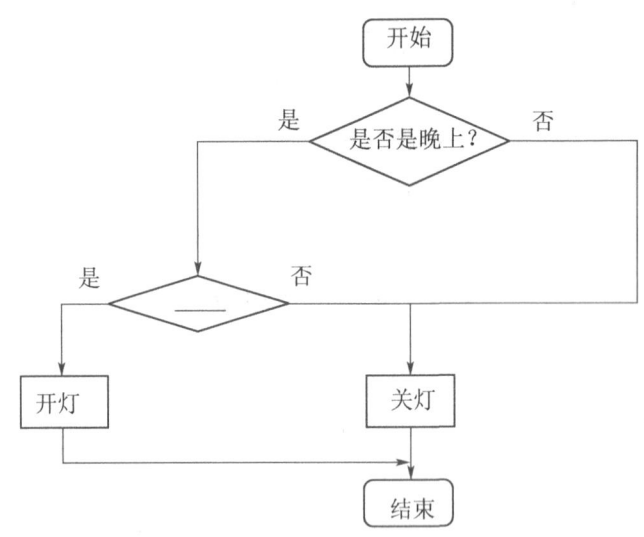

图 3-53　智能楼道灯流程图

【思考】请在图 3-53 的流程图中第二个菱形图中的横线上写上合适的判断语句。

（一）条件语句

楼道灯，如果长期开着或者长期关着，既不方便也不环保。智能楼道灯为什么智能？因为它能_____。

楼道灯因为有了程序的控制，特别是用分支结构来进行控制，让灯在一定程度上变得"智能"。分支结构既然有分支，有不同的选择，那是什么决定了分支结构的"执行"呢？

条件语句是决定分支结构走向的关键。一个加入了条件判断的楼道灯，即当特定条件满足时（比如光线暗且有声音），灯就会亮起。

条件判断能够让程序根据不同的情况做出不同的反应，使得程序更加智能和灵活。在智能楼道灯系统中,通过检测光线和声音的条件,程序可以判断是否需要打开灯光,从而实现自动化控制。

在 Mind+ 中,我们可以使用"如果—否则"模块来实现分支结构,如图 3-54 所示。

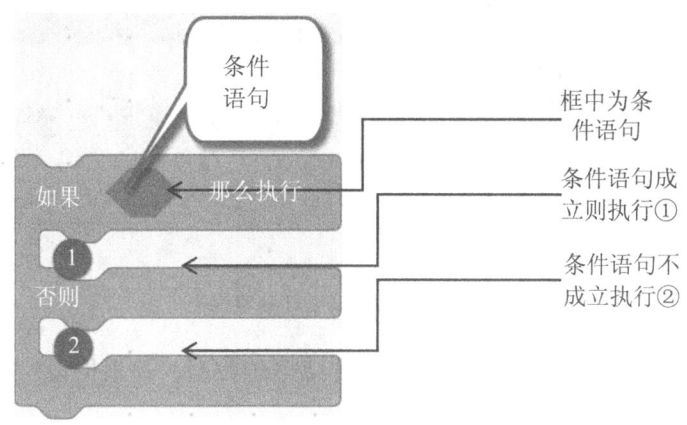

图 3-54 分支结构模块

(二)关系运算符

为了让程序能够"理解"何时应该打开灯光,我们需要一种方式来描述"光线很暗"这样的条件。这时,我们就需要用到关系运算符,比如用"<"(小于)来设定一个光线的阈值,当光线强度低于这个阈值时,我们就认为"光线很暗"。在程序中,可以用 ⬡<⬡ 来表示小于的关系。

(三)逻辑运算符

接下来,我们可以进一步解释,除了光线条件外我们还需要检测到声音才会打开灯光。这里就涉及了两个条件的组合判断,即"光线很暗"并且"检测到了声音"。为了实现这种组合判断,我们就需要使用逻辑运算符"And(且)"。通过逻辑运算符,就可以将多个条件组合起来,形成一个更复杂的判断条件。在程序中,可以用 ⬢ 与 ⬢ 来表示"并且"的关系。

六、分支结构的程序实现

(一)设定阈值

比如光线传感器,在白天测得的值是 240,用手盖住光线传感器测得的值是 0,那么可以取 (240+0)/2 = 120 作为光线传感器的阈值,小于 120 就认为是晚上,大于或等于 120 就认为是白天。

请通过实验设定声音的阈值和光线的阈值。

我们小组设定的声音的阈值是:_____,光线的阈值是:_____。

(二)程序实现

使用掌控板集成的声音传感器以及光线传感器,通过扩展板外接一个 LED 灯,LED 灯接在扩展板的 P2 引脚,参考程序如图 3-55 所示。

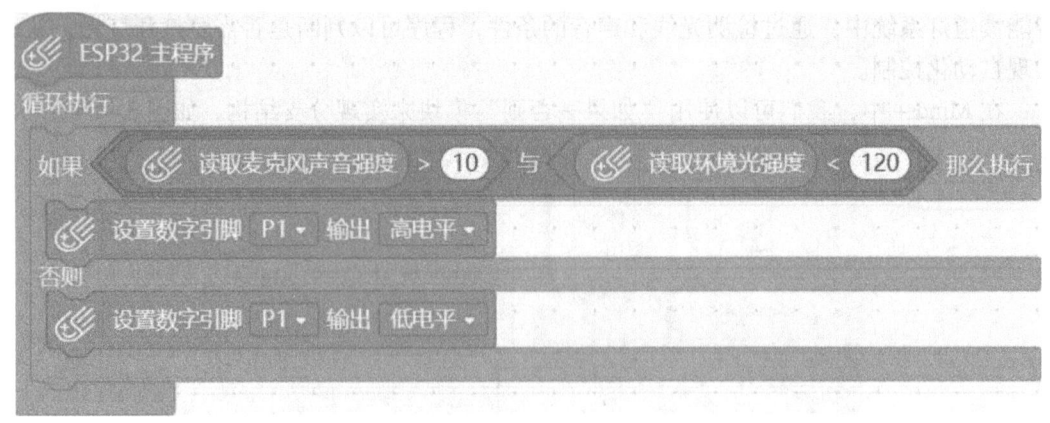

图 3-55 智能楼道灯参考程序

该程序能够读取光敏电阻传感器和声音传感器的数据,并根据设定的条件控制 LED 灯的亮灭。

七、优化与迭代

"除了声音和光线,还有哪些条件可以用来触发楼道灯的亮灭?"请思考并尝试实现更复杂的智能控制逻辑。

_____
_____。

八、项目创作

各个小组根据提供的纸盒、雪糕棒、KT 板等材料,制作智能楼道灯的外观模型。将编程完成的掌控板、光敏电阻传感器、声音传感器等集成到模型中。在不同的光线和声音条件下测试模型的功能,确保它能够在夜晚且检测到声音时自动亮灯。

1. 材料准备

将小组准备的材料写在下面的横线上。

小组准备的材料有:_____
_____。

2. 硬件连接

请将连接图画在下面的方框中。

3. 程序编写

请将程序的流程图画在下面的方框中。

4. 作品测试

测试并完善作品。可以加上合适的外观。

九、项目分享与评价

1. 作品分享与展示

（1）环节组成。

介绍作品功能及制作过程（时间 5 分钟）；接受其他小组的提问并回答（时间 3 分钟）。

（2）注意事项。

①作品展示环节应该现场演示作品具体的功能如何实现。

②演示环节需要注意安全，必要时请佩戴护目镜和劳保手套等。

2. 项目评价

请按照本书附录中的项目化学习评价量规对本项目进行自评和互评。

第七节　看得见的声音

【情境】在一个神秘的森林中，隐藏着一个古老的麦克风。这个麦克风有一个特殊的功能：它能够"听到"森林里的所有声音，并通过一个神奇的 OLED 屏幕，将这些声音以柱状图的形式显示出来。这个屏幕就像一个"声音地图"，能够实时反映森林中各种声音的大小和频率。

然而，有一天，麦克风突然失灵了，屏幕上的柱状图也消失了。森林的精灵们非常着急，因为他们依赖这个麦克风来监测森林的安全。现在，他们需要一群勇敢而聪明的探险家来帮助他们修复麦克风，并重新让 OLED 屏幕显示出"声音地图"。

【驱动性问题】同学们能否成为勇敢的探险家，帮助森林的精灵们修复麦克风，并重新编程，使 OLED 屏幕能够再次"成为"森林的"声音地图"呢？

一、分析问题

（一）抽象

（1）问题分析：首先，我们需要从具体的森林、精灵和探险家的情境中抽象出核心问题。这个问题的本质是"如何修复麦克风并重新编程，以便 OLED 屏幕可以显示声音强度的柱状图"。

（2）理解：可以想象成一个有趣的挑战，就像解决一个谜题一样。我们不需要真的去森林，而是要找出让屏幕显示声音的方法。

（二）分解

（1）问题分析：将大问题分解成小问题。首先，需要理解麦克风是如何工作的，然后弄清楚 OLED 屏幕如何显示信息，接着学习如何用编程来控制屏幕，并了解如何将麦克风检测到的声音转换成屏幕上的柱状图。如图 3-56 所示。

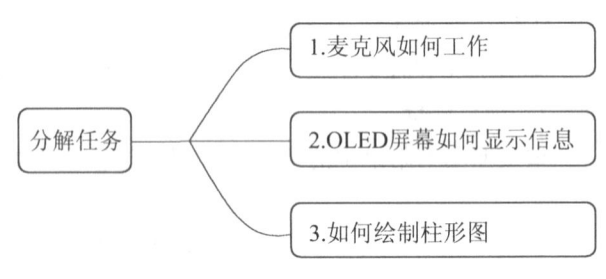

图 3-56　分解任务

（2）理解：这就像把一个大任务分成几个小任务。首先，我们要学习麦克风是怎么"听"到声音的。然后，我们要知道怎样让这个神奇的屏幕亮起来显示东西。接着，要学习怎样用我们的指令来控制屏幕。最后，我们要把麦克风"听"到的声音变成屏幕上的柱子。

（三）建模

（1）问题分析：在理解了各个组成部分之后，我们需要建立一个模型来整合这些部分。这个模型包括麦克风输入、声音强度的数值转换，以及 OLED 屏幕的显示逻辑。

（2）理解：就像我们玩乐高一样，现在我们已经有了所有的小零件，接下来就是要把它们组装在一起。我们要把麦克风、声音的大小和屏幕上的柱子连接起来，就像一个神奇的机器一样。

二、教学目标

（1）通过学习变量的概念和用途【过程】，学生能够存储并使用麦克风检测到的声音强度值【结果】，从而能在编程实践中灵活运用变量【表现】。

（2）通过讲解与实践模拟输入的概念【过程】，学生能理解模拟输入在电子设备中的应用【结果】，并能够描述模拟输入与数字输入的区别【表现】。

（3）通过简单介绍麦克风的工作原理【过程】，学生能了解声音是如何被转换成电信号的【结果】，能够向他人解释麦克风的基本工作原理【表现】。

（4）通过在掌控板的 OLED 屏幕上绘制柱状图【过程】，学生能掌握根据麦克风检测到的声音值动态绘制柱状图的方法【结果】，并能独立完成柱状图的绘制程序，展示声音强度与柱状图高度的实时对应关系【表现】。

三、评价标准

1. 评价标准一

（1）学生能够清晰地解释变量的概念，并举出实例说明在编程中如何使用变量来存储数据。

（2）学生能够在编程实践中正确地使用变量来存储麦克风检测到的声音强度值，并能够展示如何在程序中使用这些值。

2. 评价标准二

（1）学生能够准确地解释模拟输入与数字输入的区别，并提供实例加以说明。

（2）学生能够在模拟环境中正确配置和使用模拟输入，展示其所理解的模拟输入在电子设备中的应用。

3. 评价标准三

（1）学生能够简洁明了地解释麦克风将声音转换成电信号的基本原理。

（2）学生能够使用简单的图示或模型来进一步解释麦克风的工作原理。

4. 评价标准四

（1）学生能够独立编写程序，实现在掌控板的 OLED 屏幕上根据麦克风检测到的声音值动态绘制柱状图。

（2）学生的程序能够实时、准确地反映声音强度与柱状图高度的对应关系，且图表清晰、易懂。

（3）学生能够向他人清晰地解释程序的运行逻辑和绘制柱状图的方法。

四、模拟输入

你知道掌控板上的麦克风是怎么"听到"我们的声音的吗？

想象一下，我们的声音就像是水一样，有大小不同的波浪。当我们对着麦克风说话时，声音就像波浪一样传进去。如图 3-57 所示。

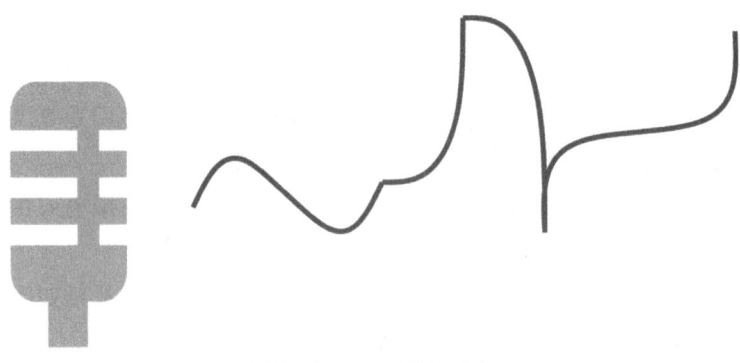

图 3-57　声音的波形图

"模拟输入"就像是用一个连续的尺子来测量这些波浪的大小。它不仅能告诉我们有没有声音，还能很详细地告诉我们声音有多大，就像是用尺子量出波浪的高度一样。

模拟输入与数字输入不同，数字输入只能告诉我们"有"或"没有"声音，就像是一个简单的开关键。而模拟输入则能给我们更多的细节，就像是用一个精确的尺子去测量。

所以，麦克风作为一个模拟输入设备，就像是一个精准的测量工具，能够详细地"听"并"测量"出我们声音的大小。

【讨论】请在小组内讨论，掌控板上有哪些模拟输入设备？请写在下面的横线上，并说说为什么。_____。

五、麦克风

麦克风是掌控板中用来输入声音的传感器。它在掌控板正面的左侧的中间部位。如图3-58所示。

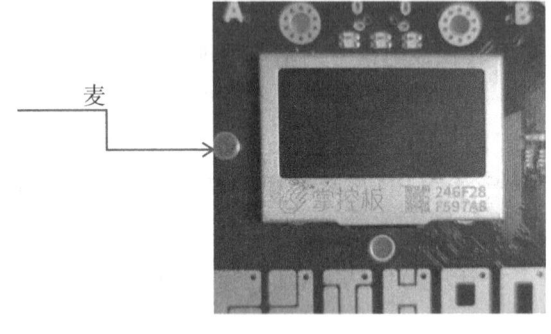

图 3-58　掌控板中的麦克风

图 3-59　麦克风工作原理

【知识建构】麦克风的工作原理

麦克风就像是一个超级灵敏的"耳朵"，能够"听到"我们周围的声音。当声音传到麦克风的时候，它里面的一个小膜片就会像我们的耳膜一样振动。

这个膜片非常特别，它会把振动转化成一种我们可以测量的信号，就像是把声音变成了我们可以读懂的"语言"。掌控板就能"读懂"这种语言，并知道声音有多大。如图3-59所示。

然后，掌控板会把这些信息传递给 OLED 屏幕，屏幕上就会显示出不同高度的柱子，以此告诉我们现在声音有多大。声音越大，柱子就越高，就像我们在唱歌或喊叫时，声音会传得很远一样。

所以，每次你对着掌控板说话或唱歌，它都能"听到"哦！

六、变量

（一）选择麦克风强度模块

首先在"掌控"类别中，选择 读取麦克风声音强度 ，如图 3-60 所示。

图 3-60　选择"读取麦克风声音强度"模块　　　图 3-61　监测麦克风声音强度

（二）通过监视器查看麦克风声音强度

我们可以实时监测声音的音量大小，并在串口监视器中显示出来。先编写程序，然后对着麦克风以不同的音量说话，就能看到麦克风强度不同的值，如图 3-61 所示。

（三）用变量记录声音强度

我们现在已经可以测量声音的大小了。但是，每次测量完之后，我们怎么记录这个结果呢？我们如果只是用脑子记，可能会很快忘记，或者记错了。这个时候，我们就需要用到"变量"了。

【知识建构】变量就像一个"小盒子"，可以帮助我们存储测量的声音大小。每次测量完声音之后，我们就可以把这个结果放到这个"小盒子"里。这样，我们就可以随时查看或者比较之前测量的声音大小了。而且，更重要的是，通过使用变量，我们可以在程序中根据声音的大小来做出不同的反应，比如当声音超过一定大小时触发某些动作。

所以，使用变量可以帮助我们更准确地记录、比较和操作数据，让我们的程序变得更加智能和有趣。

七、绘制柱形图

小明所在的小组绘制的麦克风声音强度的柱形图如图3-62所示。

【讨论】请你在小组内讨论，这个柱形图有什么特点？怎样才可以实现它？

_____

_____

那这个程序是如何实现的呢？

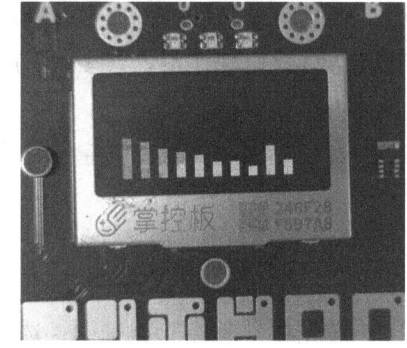

图3-62　声音柱状图

【解决问题】观察柱形图，我发现柱形图是有宽度的，可以用 [设置线宽为 1] 模块。

【实践】请你测试，看线宽为多少合适。

1. 麦克风的声音强度与柱形图高度

麦克风的声音强度的范围是[0，4095]，而掌控板显示屏的高度在60左右，让柱形图比较美观的显示范围是[10，50]；而且，Y坐标轴是从上往下增加的，而柱形图是从下往上增加的，这就意味着，我们需要使用前面学过的_____，将麦克风声音强度的范围与柱状图的高度进行一一转换。

2. 柱形图的横坐标

通过观察小明所在小组绘制的柱形图，我们可以知道，柱形图的底部都是水平对齐的，这说明每一个柱形的_____坐标相等，而_____坐标相隔的间距相等。

3. 画线

如何画线？我们可以使用 [画线 起点x1:0 y1:0 终点x2:0 y2:0]，从某一个点（x1，y1）开始到终点（x1，柱形图高度）结束。

4. 参考程序

小丽所在的小组绘制柱形图的参考程序如图3-63所示。

图3-63　参考程序

【拓展】小华所在的小组探究的是用折线图来描述光线的变化，如图 3-64 所示。你知道这是如何实现的吗？请你在小组内交流并试着实现它。

【应用迁移】请思考，今天所学的内容可以用来解决生活中的哪些问题？请写在下面的横线上。

_____

_____。

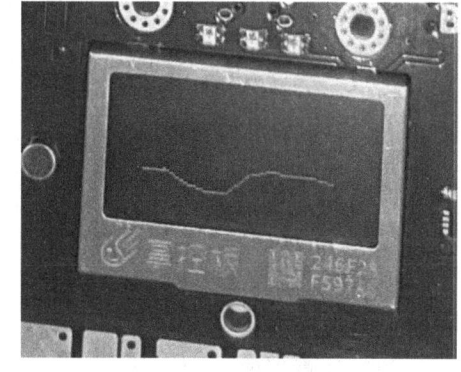

图 3-64　光线折线图

八、项目创作

请利用众创物联板和 Mind+ 编程软件，把创意变为现实。

1. 材料准备

将小组准备的材料写在下面的横线上。

小组准备的材料有：_____

_____。

2. 硬件连接

请将连接图画在下面的方框中。

3. 程序编写

请将程序的流程图画在下面的方框中。

4. 作品测试

测试并完善你们的作品。可以加上合适的外观。

九、项目分享与评价

1. 作品分享与展示

（1）环节组成。

介绍作品功能及制作过程（时间5分钟）；接受其他小组的提问并回答（时间3分钟）。

（2）注意事项。

①作品展示环节应该现场演示作品具体的功能如何实现。

②演示环节需要注意安全，必要时请佩戴护目镜和劳保手套等。

2. 项目评价

请按照本书附录中的项目化学习评价量规对本项目进行自评和互评。

第八节　智能温控风扇

【情境】在一个科技实验室中，同学们被邀请设计一个可以根据环境温度自动调节风速的智能风扇。这个风扇将使用掌控板进行控制，并利用 Mind + 软件进行编程。

【驱动性问题】如何利用掌控板和 Mind + 软件结合调用库设计并实现一个能够根据室内温度变化自动调节风速的智能风扇系统？

一、分析问题

（一）抽象

提取关键信息，如温度传感器、风速控制、自动调节。如图3-65所示。

在明确了核心概念之后，接下来是详细阐述系统应满足的功能需求：

（1）实时监测：系统必须能够实时监测当前的环境温度。

（2）阈值设定：用户应能够设定温度阈值，以控制风扇的开启和关闭。

（3）自动调节风速：系统应根据当前温度与设定阈值的关系自动调节风扇的风速。

（4）节能高效：设计应考虑到能效，确保在提供舒适度的同时最小化能源消耗。

（5）用户交互：系统应提供简洁明了的用户交互方式，使用户能够轻松设定参数和

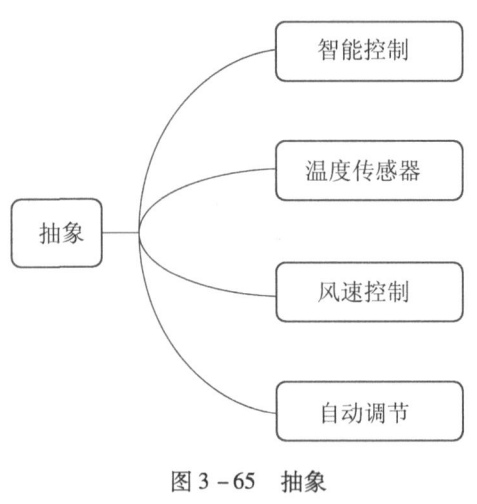

图3-65　抽象

理解系统状态。

(二) 分解

将问题分解为子任务,如图 3-66 所示。

(三) 建模

建立系统模型,包括传感器模块、控制模块、用户界面,如图 3-67 所示。

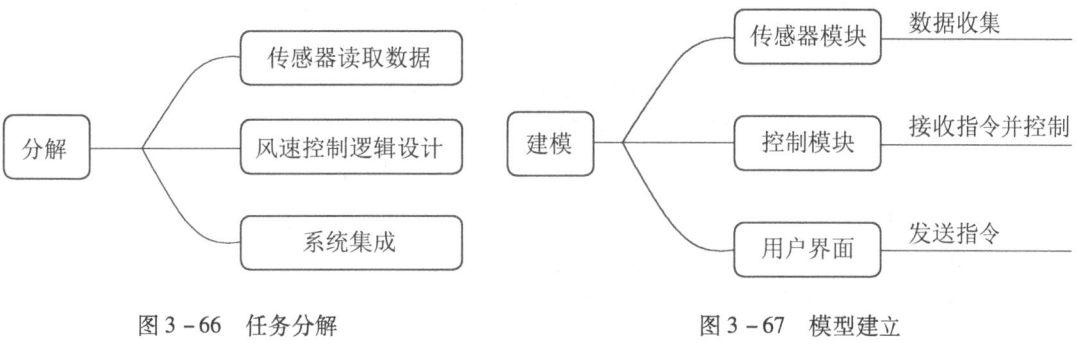

图 3-66　任务分解　　　　　　　图 3-67　模型建立

算法设计:在系统模型的基础上,设计算法来实现温度控制的功能。这包括指令的编码、传输、解码和执行等步骤。

测试模型:最后,建立一个测试模型来验证系统的可行性和稳定性。这包括单元测试(测试各个模块的功能)、集成测试(测试整个系统的功能)和外力测试(测试系统在其他影响下的性能)。

二、教学目标

(一) 理解温度传感器的工作原理及其在智能设备中的应用

学生将通过实验和探究活动来学习温度传感器的工作原理,包括其在电子电路中的连接方式和如何将温度变化转换为电信号【过程】。学生能够掌握温度传感器的基本工作原理,了解其在智能设备中如何被用来监测和控制环境温度【结果】。学生将能够展示他们对温度传感器工作原理的理解,并通过口头或书面形式解释其在智能家居或工业自动化系统中的潜在应用【表现】。

(二) 学习如何使用 Mind+ 软件进行图形化编程,掌握调用库的基本方法

学生将通过实践操作,学习 Mind+ 软件的界面布局、编程逻辑以及如何调用和使用库函数【过程】。学生能够熟练使用 Mind+ 软件进行基本的编程任务,包括调用库来简化编程过程【结果】。学生将编写一个简单的程序,如控制 LED 灯的闪烁,以证明他们对 Mind+ 软件和调用库的掌握【表现】。

(三) 设计一个能够根据温度变化自动调节风速的智能风扇系统

从系统设计开始,包括需求分析、硬件选择、电路搭建、编程实现,直至系统集成和测试【过程】,学生将完成一个能够根据环境温度变化自动调节风扇转速的智能风扇系统【结果】。学生能展示他们的系统,并能够解释其工作原理、展示编程代码,并讨论他们如何解决在设计和实现过程中遇到的问题【表现】。

三、评价标准

1. 评价标准一

（1）理解：学生能否描述温度传感器如何感应温度并转换为电信号。

（2）实践：学生能否正确使用传感器并解读数据。

（3）方法：学生能否将传感器原理应用于系统设计，解决相关问题。

2. 评价标准二

（1）理解：学生是否掌握编程基础并熟悉 Mind + 软件。

（2）实践：学生能否编写控制程序实现温度读取和风速控制。

（3）方法：学生在编程中是否逻辑清晰，能创新性地提升程序智能化。

3. 评价标准三

（1）理解：学生是否理解系统设计原理和性能要求。

（2）实践：学生设计的系统是否能够集成并经过功能测试验证。

（3）方法：学生在设计中是否采用有效方法考虑用户体验。

四、硬件与软件准备

1. 设备

掌控板、USB 数据线（Type－C 接口）、带 USB 输出口的 5V 锂电池、扩展板、DHT11 数字温湿度传感器、风扇模块成温度传感器和用于控制风扇的输出接口。

2. Mind + 软件

用于图形化编程，调用库以简化编程过程。

五、库导入与调用

（一）导入库的方法

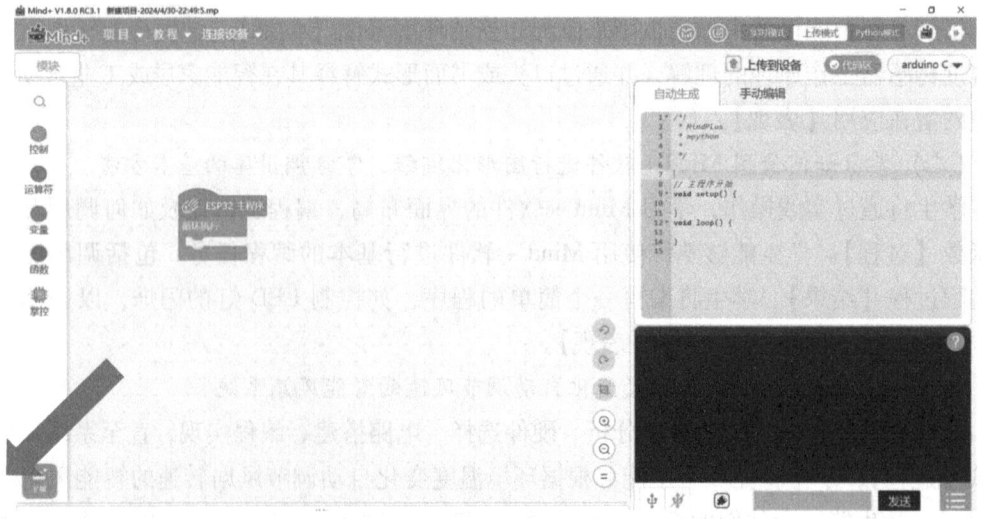

图 3－68　导入库

第三章 智能家居

图 3-69　调用掌握板库

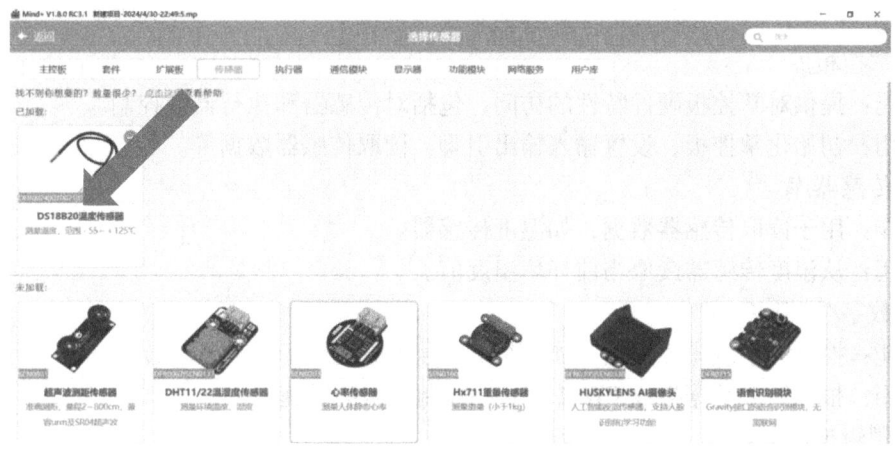

图 3-70　调用温度传感器

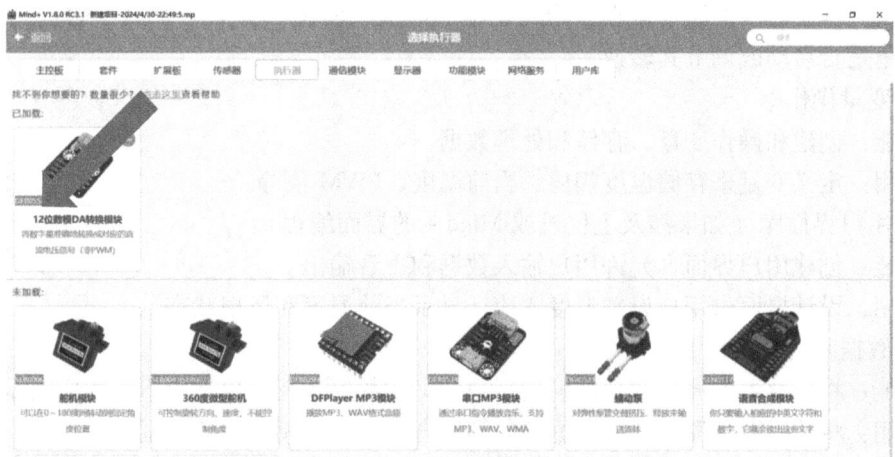

图 3-71　调用 12 位数模 DA 转换模块

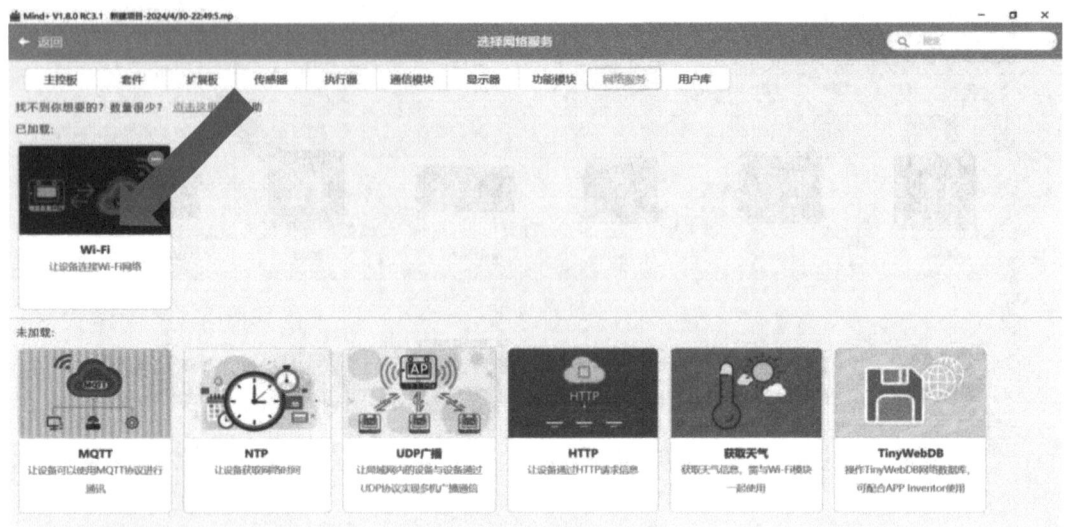

图 3-72 调用 Wi-Fi 库

（二）使用了以下几种 Mind+ 软件的库或功能

1. 掌控板库

功能：提供对掌控板硬件特性的访问，包括对传感器和执行器的控制。

使用：初始化掌控板、设置输入输出引脚、读取传感器数据等。

2. 传感器库

功能：用于读取传感器数据，如温度传感器。

使用：从温度传感器读取当前环境温度值。

3. 数字/模拟 IO 库

功能：控制数字或模拟输出，如 PWM 信号生成，用于调节风扇转速。

使用：根据温度数据生成 PWM 信号，控制风扇的转速。

4. 逻辑控制模块

功能：实现程序的逻辑控制流程，如条件判断、循环等。

使用：基于读取的温度数据和用户设定的阈值，使用"如果-那么-否则"逻辑来决定风扇是否启动或调节其转速。

5. 变量操作库

功能：创建和操作变量，存储和处理数据。

使用：定义变量来存储温度阈值、当前温度、PWM 值等。

6. 用户界面库（如果涉及上位机或 Mind+ 的界面编程）

功能：创建用户界面，允许用户输入数据和查看输出。

使用：设计界面供用户设置温度阈值，显示当前温度和风扇状态。

7. 数据映射模块

功能：将传感器的原始数据映射到用户定义的数值范围，以适应不同的应用需求。

使用：将传感器的原始温度数据映射到适合显示或控制的数值范围。

8. 通信协议库（如果系统需要远程控制或数据传输）

功能：实现设备间的通信，如蓝牙、Wi-Fi 等。

使用：如果智能风扇系统需要通过手机或其他设备远程控制，那么使用通信协议库来建立连接和传输数据。

9. 事件处理库

功能：处理用户输入或系统事件，如按钮点击、温度变化等。

使用：响应用户在界面上的操作或传感器数据的变化，触发相应的程序逻辑。

六、设计思路

（一）认识DHT11/22数字温湿度传感器

DHT11/22数字温湿度传感器是一款含有已校准数字信号输出的温湿度复合传感器。传感器包括一个电阻式感湿元器件和一个NTC测温元器件，NTC测温元器件实际上也是一种热敏电阻、探头，电阻值随着温度上升而迅速下降。传感器上用高性能8位单片机与电阻式感湿元器件、NTC测温元器件连接，应用专用的数字模块技术将获取的温、湿度模拟值转化为数字信号（图3-73）。

图3-73 湿温度传感器

DHT11/22数字温湿度传感器用于测量环境的温度和湿度，其中温度测量范围为0~50℃，湿度测量范围为20%~90%RH，传感器的供电电压为5V，用3PIN可与扩展板连接。

（二）实践——设计温控风扇

本例要实现的效果是：将掌控板、风扇、DHT11数字温湿度传感器与扩展板连接，编写程序上传到掌控板后，用外接电源给扩展板供电，当室温高于30℃时，风扇转动，否则停止。如图3-74所示。

1. 连接电路

将掌控板插入扩展板，有显示屏的一面面向扩展板上有文字"掌控板"的这一边。本例

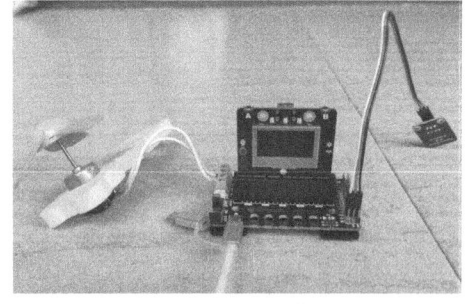

图3-74 连接好的温控风扇电路

利用M1电动机驱动端接风扇，将风扇红线端接M1"+"接线端，黑线端接M1"-"接线端。将DHT11数字温湿度传感器接在P1这一行的引脚上。

2. 编写程序

在Mind+界面"上传模式"下新建一个文件，将掌控板与计算机连接好，通过"扩展"按钮先后调出掌控板控制语句和扩展板控制语句，最后通过"扩展"按钮选择传感器为"DHT11/22数字温湿度传感器"，调出"DHT11/22数字温湿度传感器"语句模块。控制DHT11/22数字温湿度传感器的语句只有这一句，从语句中可选择接入的引脚号、传感器型号、温度和湿度（图3-75）。

图 3 – 75　数字温湿度传感器

（1）编写在掌控板显示屏上显示实时室温的程序。

先编写一个程序，用 DHT11 数字温湿度传感器获取实时的温度，并用掌控板显示屏直观地显示出来。图 3 – 76 为在掌控板显示屏上显示实时室温的程序。

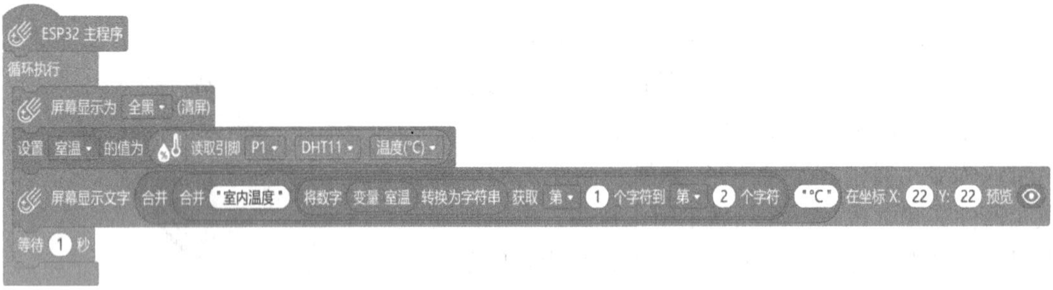

图 3 – 76　显示实时室温

（2）编写温控风扇的程序。

设计目标：当温度高于 28℃时，风扇转动，否则停止。程序编写较简单，只需要在上面显示实时室温程序的基础上增加一个双分支结构条件判断语句，即当室温高于 28℃时，电动机转动，否则电动机不转动。完整的温控风扇程序如图 3 – 77 所示，其中的电动机选择 M1，是因为前面的电路连接中风扇连接 M1 上，转速设为中速 60。

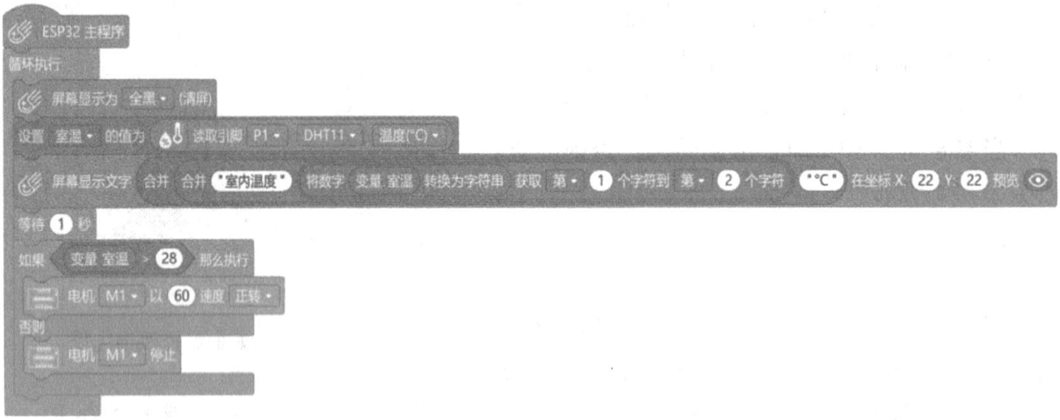

图 3 – 77　温控风扇

3. 测试程序

将上面的温控风扇程序上传到掌控板，通过给扩展板外接电源运行程序。如图 3 – 78 所示，将连接好的元器件摆放好，开始时室温为 22℃，风扇不转动；用手捂住 DHT11 数字温湿度传感器，使温度达到 29℃，高于 28℃，所以风扇转动。手离开，过一会儿，DHT11 数字温湿度传感器感知的温度低于 28℃，风扇会停止转动。

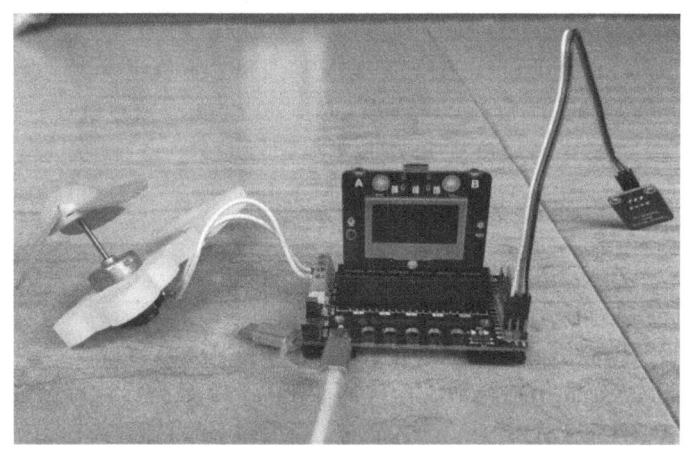

图 3-78 测试程序

改进：设计随环境温度高低自动调整转速的风扇，再设计一个温控风扇，当环境温度达到一定值时，风扇会转动，并能根据环境温度的变化自动调整转动的速度。温度高，转动快；温度低，转动慢；当温度低于一定值时，风扇停止转动，如图 3-79 所示。

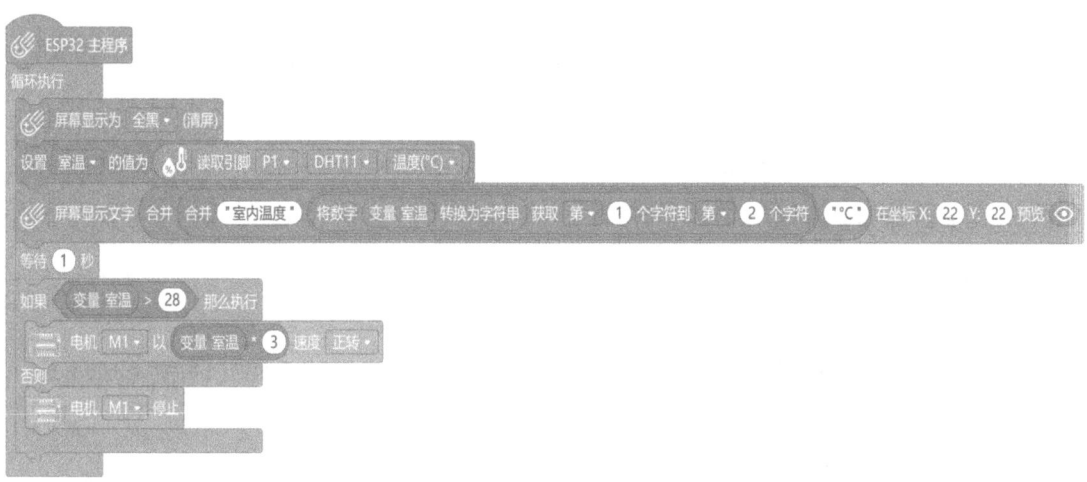

图 3-79 自动调整转速的风扇

七、项目创作

1. 材料准备

将小组准备的材料写在下面的横线上，如掌控板、温度传感器、风扇、杜邦线等。

小组准备的材料有：＿＿＿＿＿＿＿＿＿＿＿＿＿＿＿＿＿＿＿＿＿＿＿＿＿＿＿＿＿＿＿＿

＿＿。

2. 硬件连接

请将连接图画在下面的方框中，绘制硬件连接图，展示如何将风扇和温度传感器连接到掌控板。

3. 程序编写

设计程序流程图,展示温度读取和风速控制的逻辑,并将流程图画在下面的方框中。

4. 作品测试

测试智能风扇系统,确保其能够根据温度变化自动调节风速。

八、项目分享与评价

1. 作品分享与展示

(1) 环节组成。

介绍作品功能及制作过程(时间5分钟);接受其他小组的提问并回答(时间3分钟)。

(2) 注意事项。

①作品展示环节应该现场演示作品具体的功能如何实现。

②演示环节需要注意安全,必要时请佩戴护目镜和劳保手套等。

2. 项目评价

请按照本书附录中的项目化学习评价量规对本项目进行自评和互评。

第九节 智能垃圾桶

【情境】在一个现代化的社区中,为了提升居民的环保意识和使用便利性,社区管理者希望引入智能垃圾桶。这些垃圾桶能够自动感应并打开盖子,以便居民在靠近垃圾桶时无须手动触碰盖子。此外,垃圾桶盖子在垃圾投入后自动关闭,并且提供手动开关按钮以供特殊需求时使用。

【驱动性问题】你能否设计并制作一个智能垃圾桶,它能够通过超声波传感器自动开盖（使用舵机实现盖子的开合），并且配备一个按钮用于手动控制？

一、分析问题

（一）抽象

（1）关键信息提取：识别项目的核心需求，如自动感应开盖、手动按钮控制、自动关闭盖子。

（2）忽略次要细节：排除不影响核心功能实现的因素，如垃圾桶的材质和颜色。

（3）核心概念定义：定义项目中的关键概念，如"超声波感应""舵机控制""按钮输入"。

（二）分解

（1）技术分解：识别所需技术组件，如掌控板、超声波传感器、舵机、按钮。

（2）任务分解：将项目分为子任务，例如传感器和舵机的选择、编程逻辑的设计、系统集成。

（3）难点识别：提前识别可能遇到的技术难题，如传感器的灵敏度调整、舵机的精确控制。

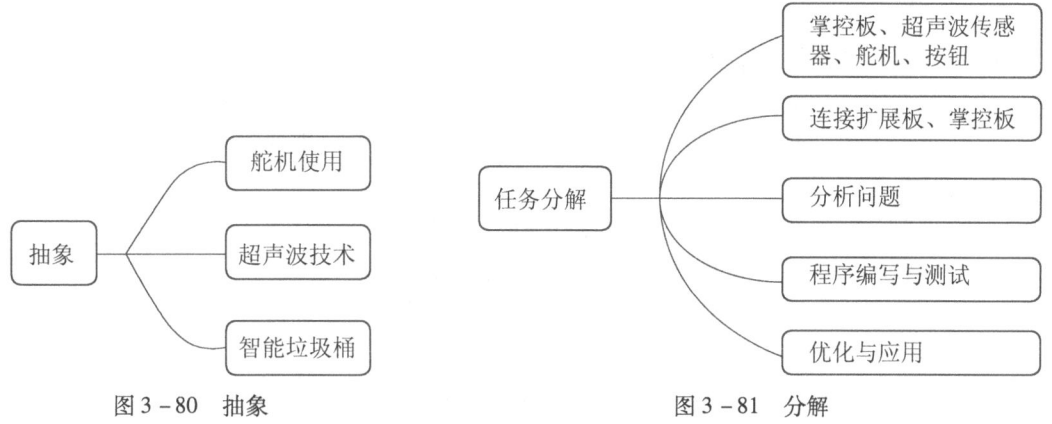

图3-80 抽象   图3-81 分解

（三）建模

（1）系统架构：构建系统架构图，展示掌控板、传感器、舵机和按钮之间的关系。

（2）数据流设计：设计数据流动的路径，从感应到控制信号的生成，再到执行机构的动作。

（3）控制逻辑：确定控制逻辑，如感应到物体时舵机打开盖子，延时后自动关闭。

二、教学目标

（一）掌握超声波传感器的使用

学习超声波传感器的工作原理，以及如何将其与掌控板集成以检测物

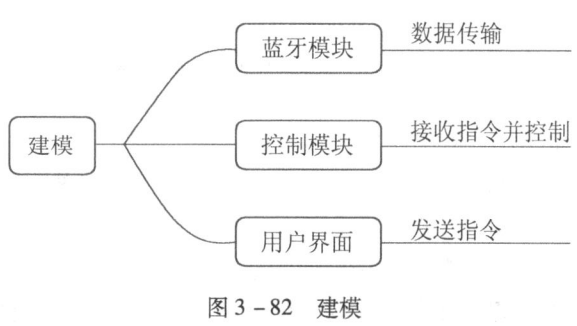

图3-82 建模

体的距离【过程】。学生能够使用超声波传感器测量距离,并根据测量结果触发垃圾桶盖子的自动开合【结果】。学生能够展示通过超声波传感器成功控制垃圾桶盖子开合的程序和操作【表现】。

(二) 控制舵机实现垃圾桶盖子的自动开合

了解舵机的工作原理,学习如何编程控制舵机的转动,以实现垃圾桶盖子的自动开合【过程】。学生能够编写程序控制舵机,根据超声波传感器的信号自动打开和关闭垃圾桶盖子【结果】;展示舵机控制垃圾桶盖子准确、顺畅的开合动作【表现】。

(三) 实现按钮逻辑以控制垃圾桶盖子的常开状态

学习如何使用按钮作为输入设备,编写逻辑以控制垃圾桶盖子的常开或自动模式【过程】。能够实现一个按钮逻辑,允许用户手动控制垃圾桶盖子的状态【结果】;展示通过按钮控制垃圾桶盖子常开或自动感应开合的功能【表现】。

三、评价标准

1. 评价标准一
(1) 理解:学生能够解释超声波传感器的工作原理及其在项目中的应用。
(2) 问题解决:学生能够解决传感器安装和调试过程中遇到的问题。
(3) 评价方法:通过提问、观察学生操作和检查程序代码来评价。

2. 评价标准二
(1) 理解:学生能够描述舵机的控制逻辑和编程方法。
(2) 问题解决:学生能够排除舵机控制中的故障,确保盖子开合顺畅。
(3) 评价方法:通过实操演示、程序审查和盖子开合测试来评价。

3. 评价标准三
(1) 理解:学生能够阐述按钮逻辑的设计思路和实现方法。
(2) 问题解决:学生能够确保按钮控制的可靠性和响应速度。
(3) 评价方法:通过按钮功能的测试和逻辑代码的审查来评价。

4. 评价标准四
(1) 理解:学生能够展示对整个系统组成和工作流程的理解。
(2) 问题解决:学生能够整合各组件并解决集成过程中的问题。
(3) 评价方法:通过系统集成测试、创新点评审和项目演示来评价。

四、硬件与软件准备

(一) 舵机

舵机是一种电机,可以控制旋转角度。一般的舵机旋转范围是 $0 \sim 180°$,也有一些能旋转更大的角度,甚至360°。套件中的9g金属小舵机是180°的(图3-83)。

舵机一般用在人形机器人、云台网络摄像头等智能设备中。

(二) 超声波模块

在使用超声波模组测距前,我们需要先给 Trig 管脚一个大于 10us 的高位激发信号,当这一信号停止后,模块自身会从发送端发出一组测距脉冲,并在另一

图3-83 舵机

侧接收端等待信号返回。在激发信号停止后，模组的 echo 输出管脚会输出一个和超声波返回时间一致的高位信号。我们只需测量这个高位信号的持续时间，就清楚超声波在空气中的传播时长，进而结合音速推算出距离（图 3-84）。

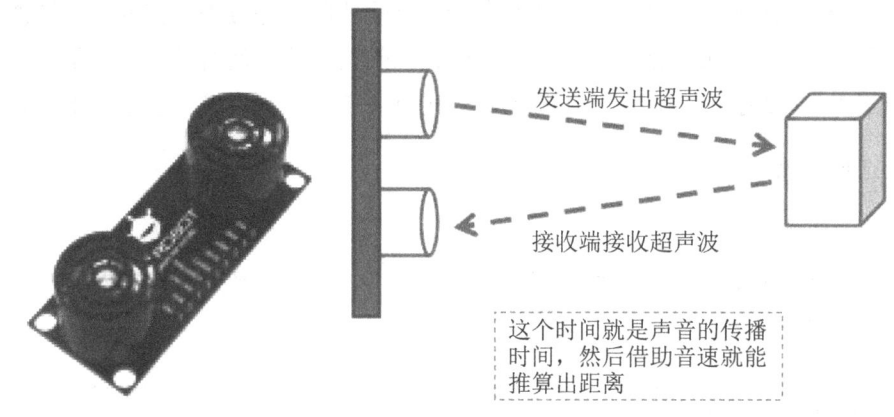

图 3-84　超声波模块

（三）分解功能

表 3-8　智能垃圾桶功能分解

分解功能	所需元件
垃圾桶自动开盖、关盖，垃圾桶的盖子打开或关闭都有固定的角度，所以可以通过舵机转动，带动垃圾桶盖子开关	舵机（在 0～180 度之间转动）
有物体或人靠近垃圾桶时会感应开，丢入垃圾后会自动关盖；用超声波传感器进行判断，有物体或人靠近垃圾桶时，启动舵机，打开盖子	超声波（探测距离）
通过触发垃圾桶盖子常开，方便长时间扔垃圾，这里可以使用按钮作为触发开关。按下按钮，盖子常开，此时超声波不起作用。再次按下按钮，盖子关闭，超声波恢复检测	按钮（数字开关，按下为 1，松开为 0）
你还有什么创意呢	

五、程序实现

初始化：设置掌控板，初始化舵机、超声波传感器和按钮。
感应控制：编写程序，当超声波传感器检测到物体时，触发舵机打开垃圾桶盖子。
定时关盖：在垃圾投入后，设定一个延时，让舵机在几秒后自动关闭盖子。
按钮逻辑：实现按钮逻辑，按下按钮时舵机打开盖子，再次按下按钮盖子关闭。

六、项目创作

（一）材料准备

将小组准备的材料写在下面的横线上，如掌控板、舵机、超声波传感器、按钮等。
小组准备的材料有：_____
_____。

（二）硬件连接：绘制硬件连接图，展示各部件之间的连接方式。

（1）舵机转动，带动垃圾桶盖子打开或关闭。连线图：使用 P0 引脚注意关闭扩展板上蜂鸣器开关，如图 3-85 所示。

（2）软件设置：使用舵机需要打开 Mind+ 软件的"扩展"，在"执行器"下点击加载"舵机模块"，如图 3-86 所示。

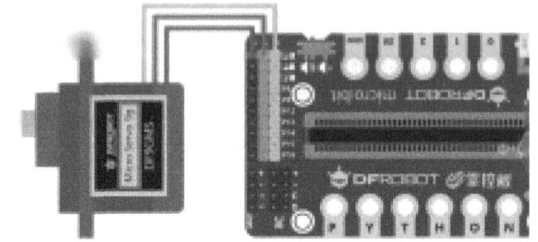

图 3-85 舵机与 P0 引脚连接

图 3-86 舵机模块

(3) 舵机程序编写如图 3-87 所示,可以将舵机摇臂安装在舵机上,运行程序以查看工作情况。

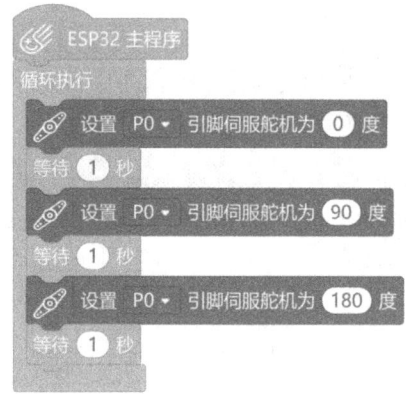

图 3-87 舵机程序

(4) 使用超声波传感器感应开盖,丢入垃圾后自动关盖。连线如图 3-88 所示。

(5) 使用超声波需要打开 Mind+ 软件的"扩展",在"传感器"下点击加载"超声波测距传感器",如图 3-89 所示。

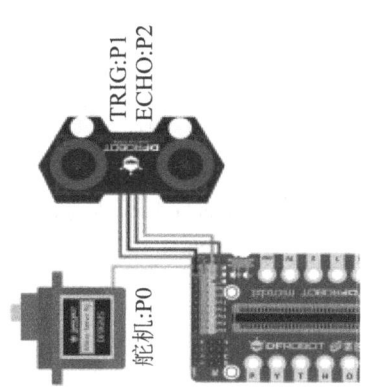

图 3-88 超声波传感器感应开盖接线

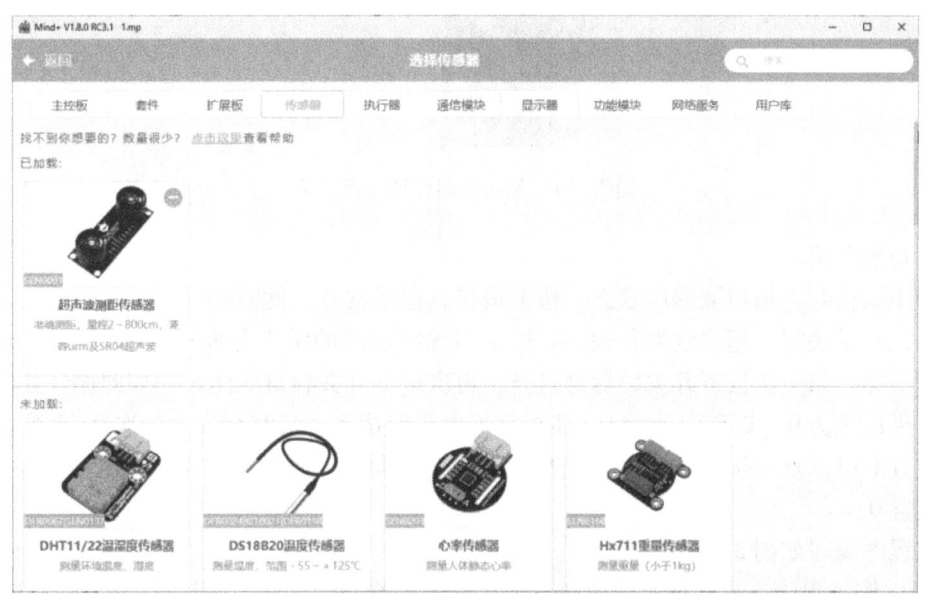

图 3-89 超声波测距传感器

(6) 垃圾桶开关盖子程序如图3-90所示。

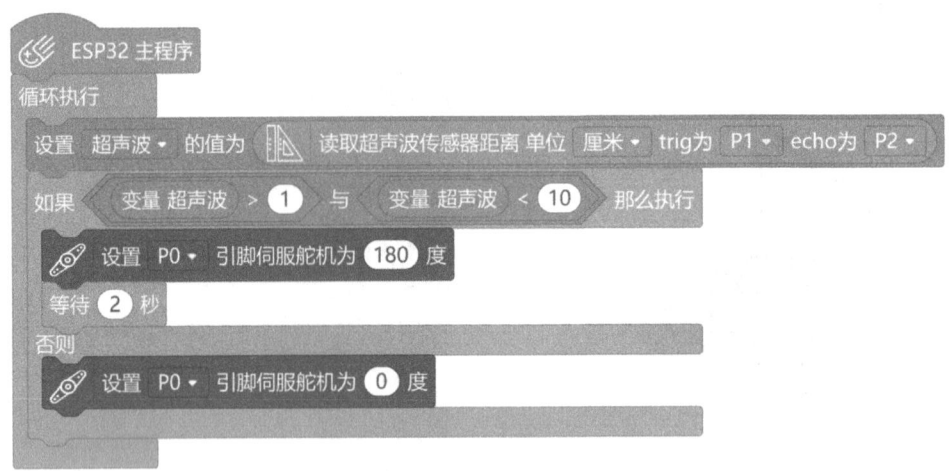

图3-90 垃圾桶开关盖子程序

运行结果：超声波感应到10cm以内的障碍物时，舵机转到180度，2秒后回转到0度。

(7) 按钮控制垃圾桶盖打开状态，连线如图3-91所示。

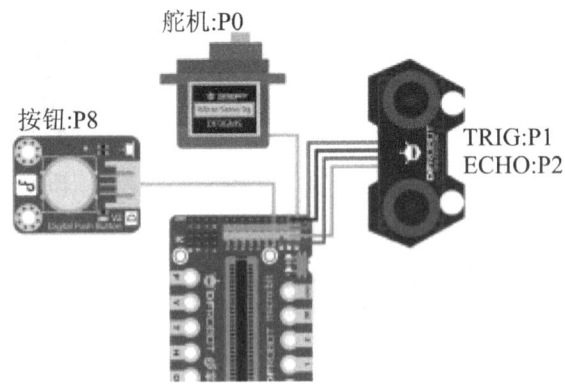

图3-91 按钮控制垃圾桶盖开关

①功能介绍。

程序运行时为超声波感应状态；按下按钮，盖子常开，此时超声波不起作用；再次按下按钮，盖子关闭，超声波恢复检测。这里用程序实现的难点是要记录按钮的输出状态，像台灯一样，第一次按下开关，台灯打开，再次按下开关台灯关闭……如此循环往复。假如将灯灭记录为0，灯亮记录为1，那么每一次按钮按下，灯都会发生一次0、1变换。所以解决方案可以是：按下按钮后首先判断灯为0还是1，如果为0就将其置1，如果为1就将其置0。

②程序编写如图3-92所示。

(8) 作品测试：测试智能垃圾桶系统，确保其按预期工作，并进行必要的调整。

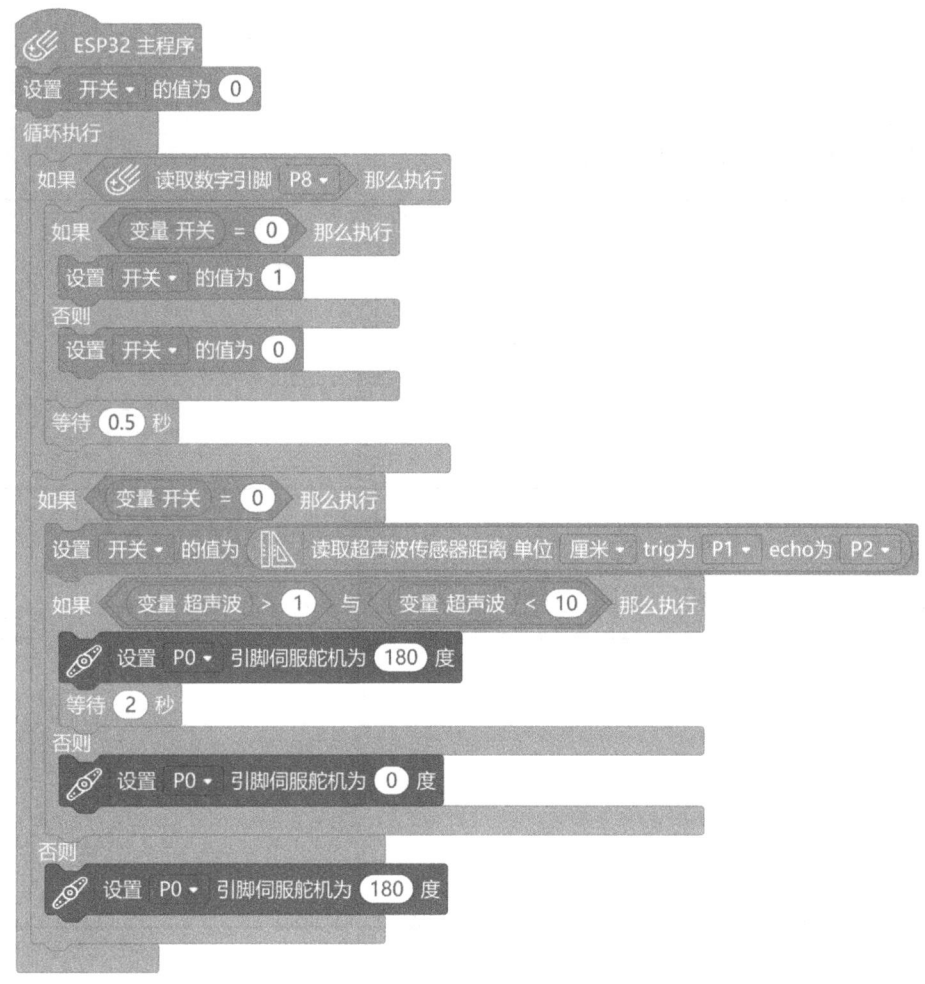

图 3-92　参考程序

七、项目分享与评价

1. 作品展示

学生展示他们的智能垃圾桶模型，并解释其工作原理和制作过程。

2. 评价反馈

同学和教师对模型的功能和设计提供评价和改进建议。

通过这个案例，学生学习了超声波传感器和舵机的使用方法、掌控板的编程技巧，以及如何将这些技术应用于解决实际问题。

本节所学的超声波、舵机模块的知识，你觉得可以用来解决身边的什么问题呢？请试着用掌控板来实现你的设想。

1. 材料准备

将小组准备的材料写在下面的横线上。

小组准备的材料有：_____
_____。

2. 硬件连接

请将连接图画在下面的方框中。

```
┌─────────────────────────────────────────┐
│                                         │
│                                         │
│                                         │
│                                         │
│                                         │
│                                         │
└─────────────────────────────────────────┘
```

3. 程序编写

请将程序的流程图画在下面的方框中。

```
┌─────────────────────────────────────────┐
│                                         │
│                                         │
│                                         │
│                                         │
│                                         │
│                                         │
└─────────────────────────────────────────┘
```

4. 作品测试

测试并完善作品。可以加上合适的外观。

八、项目分享与评价

1. 作品分享与展示

（1）环节组成。

介绍作品功能及制作过程（时间5分钟）；接受其他小组的提问并回答（时间3分钟）。

（2）注意事项。

①作品展示环节应该现场演示作品具体的功能如何实现。

②演示环节需要注意安全，必要时请佩戴护目镜和劳保手套等。

2. 项目评价

请按照本书附录中的项目化学习评价量规对本项目进行自评和互评。

第十节 红外遥控灯

【情境】在一个充满智能家居的家里，居住着一位热爱科技的年轻发明家。他设计了一套可以通过特殊遥控器控制家中所有照明设备的系统，这套系统不仅能够根据环境光线自动调节亮度，还能通过遥控器远程控制，为家中带来便捷和舒适。

然而，一次意外的停电导致遥控器损坏，家中的智能照明系统无法正常工作。发明家得知，在科技的前沿领域，有一种名为"红外通信"的技术，可以实现无须物理接触的远程控制。于是，他想利用红外技术制作一个新的控制设备，恢复家中的光明。

【驱动性问题】你能否利用红外技术帮助发明家制作一个新的控制设备，让他的智能家居照明系统重新焕发光彩？

一、分析问题

（一）抽象

对于智能照明系统，核心概念包括红外技术、智能照明系统和遥控器，见图3-93。通过识别这些概念，我们能够将注意力集中在如何使用红外技术来实现远程控制LED灯的功能上。此外，我们还需要明确遥控器的功能需求，即实现灯光的远程开关控制，这是整个问题解决的出发点。

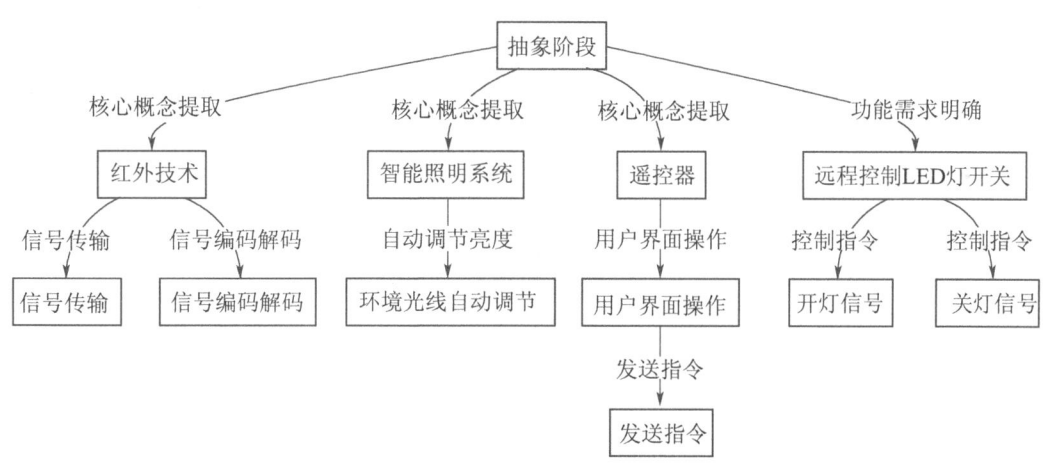

图3-93 抽象

（二）分解

在分解阶段，我们将整个问题拆分成更小的、可管理的子任务，见图3-94。这包括对红外通信技术的基本理解,如信号的编码、传输和解码过程。接下来,我们将任务进一步细化为具体的操作步骤,例如安装和配置红外发射器与接收器、设计并编写控制 LED 灯的程序,以及对整个通信系统进行测试和优化。

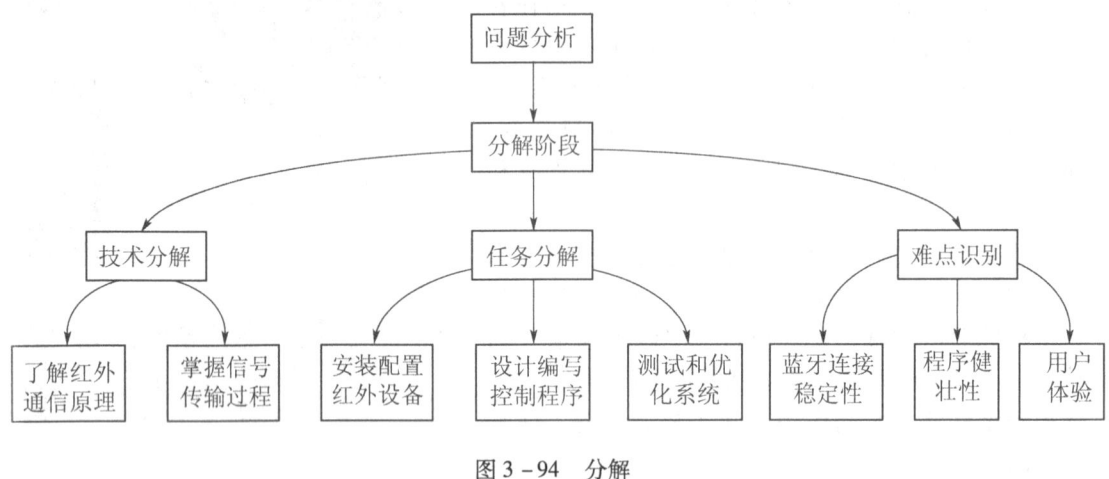

图 3-94　分解

(三) 建模

建模阶段是将抽象和分解的结果转化为一个可视化的系统模型,见图 3-95。这个模型包括红外发射模块、红外接收模块、控制模块和用户界面。我们还需要设计算法来实现信号的编码、传输、解码和执行控制 LED 灯的开关。此外,建立测试模型对于验证系统的可行性和稳定性至关重要,包括单元测试来验证各个模块的功能、集成测试来测试整个系统的功能,以及压力测试来评估系统在高负载下的性能。

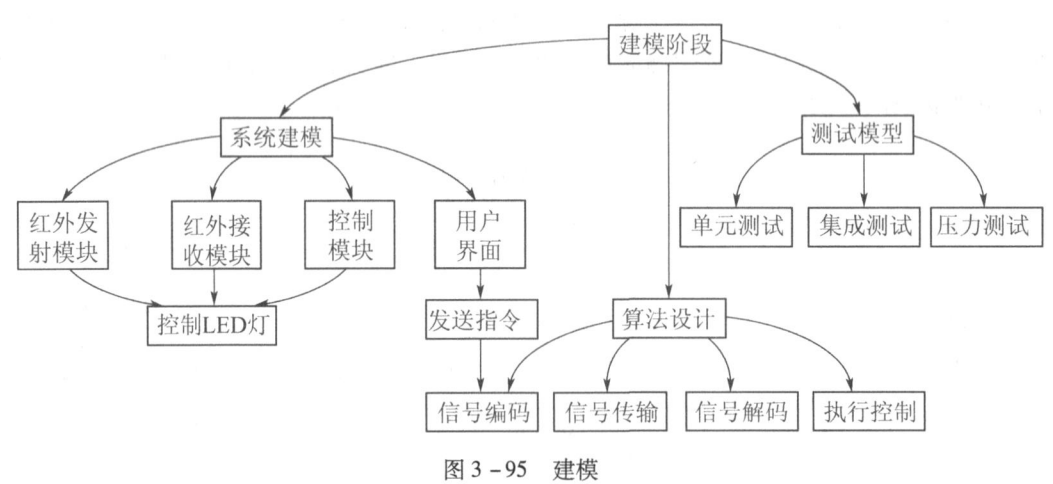

图 3-95　建模

二、教学目标

(一) 理解红外通信的基本原理和工作机制。

通过阅读教材、观看教学视频、参与实验演示,学生接触并学习红外通信的基础知识【过程】。学生能够描述红外通信的工作原理,包括信号的发射、传输和接收过程【结果】。学生可以通过书面考试或口头解释,准确阐述红外通信的基本概念和原理【表现】。

（二）学习如何使用红外发射器和接收器进行数据传输。

学生通过实践活动，如搭建简单的电路和编程来熟悉红外发射器和接收器的使用方法【过程】。学生能掌握如何通过红外发射器发送信号，并通过红外接收器接收信号，实现基本的数据传输【结果】。学生能够展示他们搭建的电路，并成功演示数据传输过程，包括信号的编码和解码【表现】。

（三）设计并实现一个通过红外通信控制 LED 灯的系统。

学生将参与一个项目，该项目要求他们设计电路、编写程序，并整合红外通信技术来控制 LED 灯【过程】；完成一个可工作的系统，该系统能够通过红外信号控制 LED 灯的亮灭【结果】。学生能够演示他们的系统，解释其工作原理，并展示他们如何通过红外通信控制 LED 灯【表现】。

三、评价标准

1. 评价标准一

评价目的：学生对红外通信的基本工作原理有深刻的理解。

评价内容：学生需要展示对红外信号的发射、传输、接收和解码过程的理解。

评价方法：通过书面考试（包括简答题和选择题）来评估学生对红外通信理论的掌握程度。此外，通过口头问答环节，评价学生的即兴解释能力和对复杂概念的理解能力。

2. 评价标准二

评价目的：考查学生能否将理论知识应用于实践中，是否能独立搭建并测试红外通信系统。

评价内容：学生能够展示从硬件组装到软件配置的全过程，包括选择正确的红外模块、连接设备、配置通信参数以及进行数据传输测试。

评价方法：通过实操考核，教师观察学生搭建系统的过程，检查系统配置的正确性，并验证数据传输测试的成功与否。此外，学生还需提供一份报告，详细记录搭建步骤和测试结果。

3. 评价标准三

评价目的：评价学生在遇到红外通信技术难题时的应对策略和解决能力。

评价内容：学生能够识别和分析通信过程中可能出现的问题，如信号干扰、连接失败等，并提出合理的解决方案。

评价方法：通过模拟问题情景或在实操考核中遇到的实际情况，要求学生现场解决问题。评价将基于学生的问题分析、解决策略的选择、实施过程以及最终效果的评估。

四、红外通信

红外通信技术是一种无线传输技术，它利用红外光波（Infrared Light，IR）来传输数据。红外通信技术广泛应用于各种设备和场景中，由于其独特的优势，如无须物理连接、易于使用和成本较低等。以下是红外通信技术的详细介绍：

（一）基本原理

红外通信基于红外光波的传输，这些光波位于电磁谱的可见光和微波之间。红外信号由红外发射器发出，通常是一个发光二极管（LED），然后由红外接收器接收，通常是一个光敏二极管（photodiode）。

（二）传输方式

红外通信的传输方式主要有两种：直射（Line-of-Sight，LOS）和散射。直射要求发射器和接收器之间有直线路径，而散射允许信号在一定范围内反射。

（三）数据编码

在红外通信中，数据通过调制技术进行编码，常见的调制方式包括脉宽调制（pulse width modulation，PWM）、脉位调制（pulse position modulation，PPM）等。

（四）通信速率

红外通信的数据传输速率可以从几百 bps（比特每秒）到几 Mbps 不等，取决于具体的编码和调制技术。

（五）应用场景

红外通信技术被广泛用于遥控器、无线耳机、数据传输、智能照明系统、安全系统和医疗设备等。

五、掌控板中的红外模块

调用红外模块方法：打开 Mind+ 界面，选择"扩展"，点击"通信模块"，选择"红外接收模块"，如图 3-96 所示。

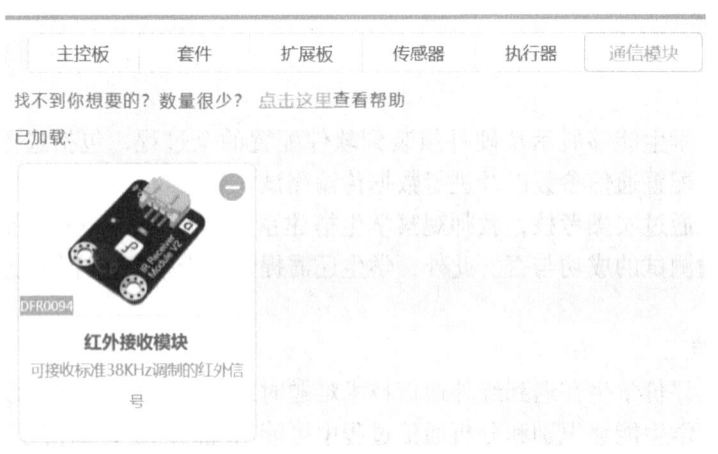

图 3-96 红外接收模块

红外遥控是目前使用最广泛的一种遥控手段。红外遥控装置具有体积小、功耗低、功能强、成本低等特点，在家用电器、玩具等各类电器上有广泛应用。红外遥控系统一般由发射、接收两部分组成，对应套件中的迷你红外遥控器、红外接收传感器。红外遥控器的原理是利用一个红外发光二极管，以红外线（也称红外光）为载体来将按键信息传递给接收端。那什么是红外线呢？

图 3-97 红外线

(一)红外线

取一块三棱镜放在太阳光下,可以看到一条绚丽的彩虹,由红、橙、黄、绿、青、蓝、紫七种光组成,其光波的波长由长至短依次排列,紫光最短,红光最长。在红光的外侧,即比红光的光波还长的、看不见的、波长范围在 760 纳米(nm)到 1 毫米(mm)之间的,即为红外线。日常生活中有很多红外光源,如太阳、蜡烛火光、白炽灯、各类遥控器甚至是我们的身体。这些红外光源都可能会对我们的接收设备产生干扰,如何屏蔽干扰,只接收有效信息呢?

(二)红外调制与解调

这里需要用到红外调制与解调,通过调制,可以使发射端红外光以特定的频率闪烁。接收端会适配这个频率,忽略其他干扰信号,即为解调。这里可以理解为这种闪烁是引起接收器"注意"的方法。可以将套件中遥控器发出的红外信号理解为一串脉冲码,调制在特定的频率上后,由红外发射二极管发射出去,接收装置只接收该特定频率的信号并将其还原成脉冲码,也就是解调。Mind+ 中遥控器按键对应键值如表 3-9。

表 3-9

遥控器按键	键值	遥控器按键	键值	遥控器按键	键值
红色按钮	FD00FF	VOL-	FD906F	3	FD48B7
VOL+	FD807F	向上三角	FD50AF	4	FD28D7
FUNC/STOP	FD40BF	0	FD30CF	5	FDA857
左2个三角	FD20DF	EQ	FDB04F	6	FD6897
暂停键	FDA05F	ST/REPT	FD708F	7	FD18E7
右2个三角	FD609F	1	FD08F7	8	FD9867
向下三角	FD10EF	2	FD8877	9	FD58A7

遥控器红外线发射管沿光轴的遥控距离可达 8m,通常的发射角度为 30°~45°,角度大距离就短,反之亦然。如图 3-98 所示。

每个掌控板套件中遥控器的按键值都与上表相同,所以如果多个人同时使用多个套件,注意提示使用不同按键,避免混淆。

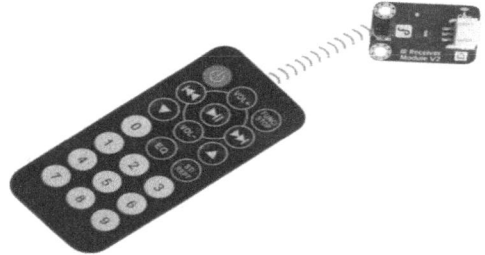

图 3-98 遥控器红外发射与红外模块

(三)问题记录

在后面项目实现过程中,可能会遇到各种各样的困难,尝试在表 3-10 中记录你遇到的问题和解决办法,便于以后出现类似问题时能更好地面对。

表 3-10

遇到的困难	你的解决方案
1.	1.
2.	2.

续上表

遇到的困难	你的解决方案
3.	3.
…	…

六、实践与程序编写

（一）连接电路

将掌控板插入扩展板，有显示屏的一面面向扩展板上有文字"掌控板"的一边。本例电路连线很简单，只需将红外接收传感器用 3PIN 线接在 P1 这一行的引脚上，注意 3PIN 线一定要与相同颜色的引脚对应连接，连接好的电路如图 3－99 所示。

图 3－99　掌控板与红外接收传感器接线

（二）编写程序

（1）将连接好电路的掌控板与计算机相连，在 Mind＋的"上传模式"下新建一个文件，将 Mind＋与掌控板连接，通过"扩展"按钮先后调出掌控板控制语句和扩展板控制语句，最后通过"扩展"按钮选择通信模块中的"红外接收模块"，如图 3－100 所示，调出"通信模块"。控制红外接收传感器的语句只有这一句，从语句中可选择接入的引脚号。

图 3－100　红外接收传感器语句

添加完成后会在左侧菜单中出现通信模块，点击就会出现红外模块。默认引脚为 P0。如图 3－101 所示。

图 3－101　读取引脚 P0 红外接收道

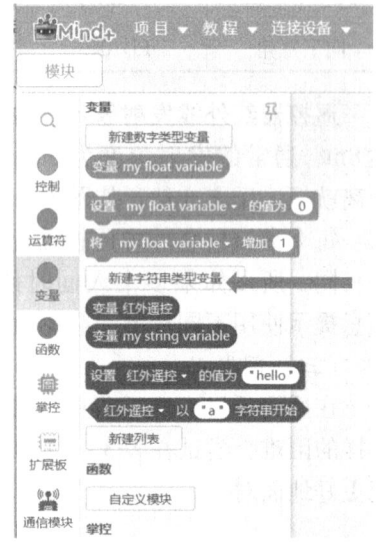

图 3－102　创建字符变量红外遥控

（2）接着创建一个字符变量，注意是字符变量！取名红外遥控，之后就会出现红框的内容。如图 3－102 所示。

（3）获取遥控器按键编码的程序，如图 3－103 所示。

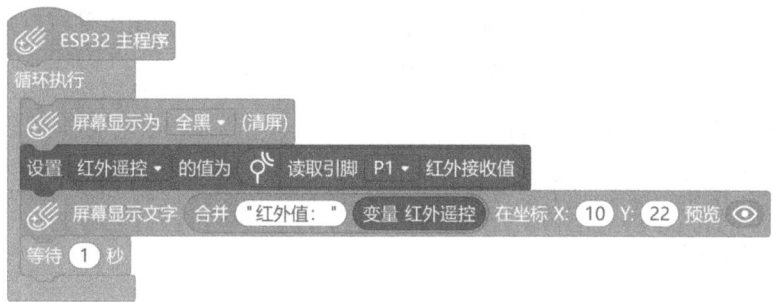

图 3-103 获取遥控器按键编码程序

将程序上传到掌控板后，按遥控器上的红色按键，如图 3-104 所示，显示编码"FFA25D"。接着再按 1、2、3、4 号键，分别显示"FF30CF""FF18E7""FF7A85""FF10EF"编码。记住这些编码，因为掌控板接收的就是这些编码，编程时若使用到红外遥控器，则会用到这些编码。

图 3-104 读取遥控键编码　　　图 3-105 遥控器

（4）代码实现的功能是：按下红外遥控器的 1，红灯亮；按下红外遥控器的 2，白灯亮；按下红外遥控器的 3，红灯灭；按下红外遥控器的 4，白灯灭。如图 3-105 所示。

图 3-106 判断打开或关闭 LED 灯程序　　　图 3-107 用遥控器按键效果

(5) 编写程序：通过判断接收到的红外信号来决定打开或关闭 LED 灯（图 3-106）。
(6) 按下遥控器 1 和 2 键时，显示如图 3-107 的效果。

七、使用红外通信控制 LED 灯

效果演示：使用遥控器或手机应用发送特定的红外信号，控制 LED 灯的开关。

八、优化与迭代

实验：探索不同的红外通信协议和编码方式，以提高通信的稳定性和可靠性。
项目创作：设计一个使用红外通信解决实际问题的项目，如家庭自动化系统。

九、项目创作

本节所学的红外通信的知识，你觉得可以用来解决身边的什么问题呢？请试着用掌控板来实现你的设想。

1. 材料准备

将小组准备的材料写在下面的横线上。

小组准备的材料有：＿＿＿＿＿＿＿＿＿＿＿＿＿＿＿＿＿＿＿＿＿＿＿＿＿＿＿＿＿＿
＿＿＿＿＿＿＿＿＿＿＿＿＿＿＿＿＿＿＿＿＿＿＿＿＿＿＿＿＿＿＿＿＿＿＿＿＿＿。

2. 硬件连接

请将连接图画在下面的方框中。

3. 程序编写

请将程序的流程图画在下面的方框中。

4. 作品测试

测试并完善作品。可以加上合适的外观。

十、项目分享与评价

1. 作品分享与展示

（1）环节组成。

介绍作品功能及制作过程（时间 5 分钟）；接受其他小组的提问并回答（时间 3 分钟）。

（2）注意事项。

①作品展示环节应该现场演示作品具体的功能如何实现。

②演示环节需要注意安全，必要时请佩戴护目镜和劳保手套等。

2. 项目评价

请按照本书附录中的项目化学习评价量规对本项目进行自评和互评。

第四章　万物互联

第一节　身边的物联网

【情境】在第三章中，我们动手制作了智能门铃、欢迎电子牌、智能风扇和智能垃圾桶等装置，初步了解了智能设备的便捷。如果我们可以远程控制家里的门锁，无论身处何地都能为来访的客人开门；或者在回家前通过手机提前开启家里的空调，回到家时就能享受舒适的环境。

这正是物联网带给我们的神奇魅力。通过将各种智能设备与互联网连接，我们可以实现远程控制、数据共享和智能化管理。这里我们将进一步探索物联网的世界，通过本节的学习，同学们可以将第三章中制作的装置升级为真正的物联网设备，让它们能够相互通信、协同工作，为我们的生活带来更多的便利和惊喜。

【驱动性问题】我们身边的哪些物品或服务用到了物联网技术？它们是如何工作的，它们给我们的生活带来了哪些便利和挑战？

一、分析问题

（一）抽象

（1）问题分析：在抽象层面，我们需要从具体的物联网应用实例中提炼出共同的概念和特征。这要求我们能够看到各种物联网设备和服务背后的核心技术和原理，而不仅仅是它们的外在形态和功能。

（2）理解：物联网技术的核心在于物品与网络的连接，实现数据的交换和通信。因此，在抽象阶段，我们应该识别出具备网络连接、数据采集与传输、智能化处理等功能的设备和服务，这些构成了物联网的基础。

（二）分解

（1）问题分析：在分解阶段，我们的任务是将复杂的物联网系统拆分为更易于理解和分析的小部分。这有助于我们深入了解物联网技术的各个环节及其相互作用。

（2）理解：物联网系统可以分解为数据采集、数据传输、数据处理和应用等关键环节。数据采集通常由传感器完成，负责收集各种信息。数据传输依赖通信技术，确保数据准确及时传送。数据处理包括数据的存储、分析和解释。最后，物联网的应用层将技术转化为实际服务，直接面向用户。

（三）建模

（1）问题分析：在建模阶段，我们通过建立模型来模拟和理解物联网系统的行为。这有助于我们预测系统性能，优化设计方案，并解决实际应用中的问题。

（2）理解：针对物联网系统，我们可以建立多个模型，如设备模型展示物联网设备的硬件结构和软件功能；数据传输模型展示数据流动和处理方式；功能实现模型解释设备如何执行任务；便利性模型量化物联网技术给生活带来的便利，如节省时间、提高效率等。通过这些模型,我们可以更全面地理解物联网技术的工作原理和实际应用价值。

二、教学目标

(1)通过体验智能家居中的物联网应用(如远程开门、远程开关灯)【过程】,学生能够初步理解物联网的含义,认识物联网的基本概念【结果】,并能准确描述物联网的定义及其基本特征【表现】。

(2)通过列举生活中的物联网应用实例【过程】,学生能够识别并说出至少三个物联网在日常生活中的应用场景【结果】,表现出对物联网技术应用范围的广泛认知【表现】。

(3)通过对远程开门实现过程的分析,包括数据采集、数据传输、数据分析、数据应用等环节【过程】,学生能够阐述物联网的感知层、网络层、应用层结构及其各自的功能和工作过程【结果】,能绘制简化的物联网架构图并解释其工作流程【表现】。

(4)通过小组讨论和案例探究【过程】,学生能够分析物联网对学习和生活带来的影响、机遇和挑战【结果】,并就物联网如何改变未来生活方式提出自己的见解【表现】。

三、评价标准

1. 评价标准一
(1)学生能够准确解释物联网的基本概念。
(2)学生能够简述物联网的定义。
2. 评价标准二
(1)学生能够列举至少三个物联网在日常生活中的应用实例。
(2)学生能够描述这些应用的工作原理和它们给生活带来的便利。
3. 评价标准三
(1)学生能够清晰解释物联网的感知层、网络层、应用层各自的功能。
(2)学生能够描述数据在物联网各层级之间的流动和处理过程。
4. 评价标准四
(1)学生能够分析物联网如何改变学习和生活方式,并提供具体例子。
(2)学生能够讨论物联网带来的机遇和挑战,并提出自己的见解。

四、物联网的概念和特征

物联网(Internet of Things,IoT),其实就在我们身边。比如,现在很多家庭都安装了智能家居系统,这些系统就运用了物联网技术。想象一下,你外出时忘记带钥匙,但家中又有客人即将到来,这时你只需在手机上"轻轻一点",家门就会自动打开,这就是物联网带来的便利之一——远程开门(图4–1)。

那么,什么是物联网呢?

物联网的概念源于传媒领域,被视为信息科技产业的第三次革命。目前,国内对物联网的通用定义如下:通过二维码识读设备、射频识别设备、红外线感应器、定位系统和激光扫描器等信息传感设备,按约定的协议,将物品与互联网相连接,进行信息交换和通信,以实现智能化识别、定位跟踪、监控和管理。[1]

---

[1] 工业和信息化部电信研究院. 物联网白皮书(2011年)[R]. 北京:工业和信息化部电信研究院,2011.

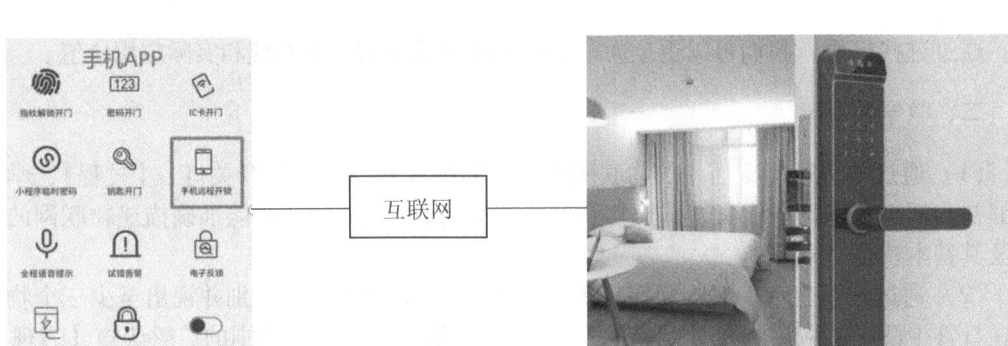

图 4-1 在手机 APP 端实现远程开门

简单来说，物联网就是通过互联网把所有物品连接起来，让它们能够相互通信和交换信息。就像我们人与人之间的沟通一样，只不过物联网是让物品之间或者物品和人之间能够"说话"和"交流"。

物联网有三大特征（图 4-2）：全面感知、可靠传递和智能处理。

全面感知：物联网通过各种传感设备，如温度传感器、湿度传感器、光照传感器等来感知和获取周围环境的各种信息。这些传感设备就像是有感知能力的小精灵，能够实时监测和记录环境中的各种参数变化。

可靠传递：物联网通过各种网络通信技术，如无线网络、有线网络等，将感知到的信息实时、准确地传送到需要的地方。

智能处理：物联网不仅仅是简单地收集和传递信息，更重要的是对这些信息进行分析和处理，从而做出智能化的决策和控制。这就需要借助大数据、云计算、人工智能等技术手段，对海量信息进行挖掘和分析，提取出有用的信息和知识，为决策提供支持。

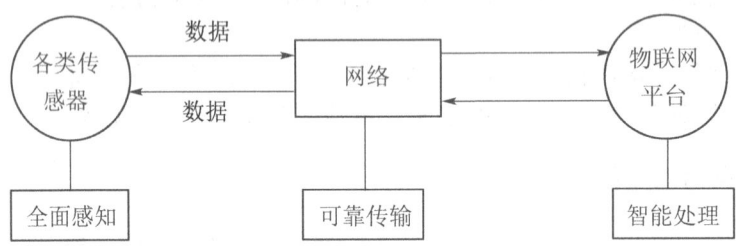

图 4-2 物联网三大特征

物联网的三大特征共同构成了物联网的核心技术框架，使得物联网能够实现对物品的智能化识别、定位、跟踪和管理等功能。这些功能为人们的生活带来了极大的便利和效率提升，同时也推动了各个行业的发展和创新。

五、物联网的架构

物联网的架构可以分为三个主要层次：感知层、网络层和应用层。每一层都有其独特的功能，共同协作以实现物联网的高效运作。

感知层：它是物联网的"触觉"和"视觉"。这一层通过各种传感器、二维码标签、

RFID 标签等设备来识别和采集各种物体的信息和数据。比如，智能家居中的温度传感器能够感知室内的温度，摄像头可以捕捉到家里的实时画面。这些感知设备就像是物联网的"眼睛"和"耳朵"，让我们能够了解物体的状态和环境的变化。

网络层：它负责将感知层采集到的数据传输到需要的地方。网络层通过各种通信技术，比如无线网络、移动网络等，将这些数据可靠地传送到服务器或者云平台上。

应用层：这一层将接收到的数据进行处理和应用。服务器或云平台会对数据进行分析，然后做出相应的决策和控制。比如，在智能家居中，当温度传感器感知到室内温度过高时，应用层会发出指令，自动打开空调进行降温。

数据传输过程是物联网架构中的关键环节。感知层采集到的数据通过网络层传输到应用层，应用层再对这些数据进行分析和处理，实现智能化控制。这就像是一个高效的流水线，每一层都承担着重要的角色，共同协作以实现物联网的功能。

在我们的生活中，物联网的应用已经无处不在。比如，共享单车就是通过物联网技术实现定位和解锁的；智能手环可以实时监测我们的心率和步数；智能家居系统可以让我们远程控制家里的灯光、空调等设备。这些应用不仅提高了我们的生活质量，还让我们的生活更加便捷和智能。

【讨论】请在小组内讨论，尝试结合生活中某一具体的应用，用自己的语言描述什么是物联网，物联网中的数据是如何传递的。

_____

_____

六、物联网的影响

物联网技术已经深入影响了我们的生活，并且这种影响仍在不断扩大。同样，物联网技术也给我们带来了很多新的机遇，甚至在一些特殊领域展现出了巨大的潜力。比如智慧农业（图 4-3），农民可以通过物联网技术实时监测农田的环境，比如监测土壤的湿度、

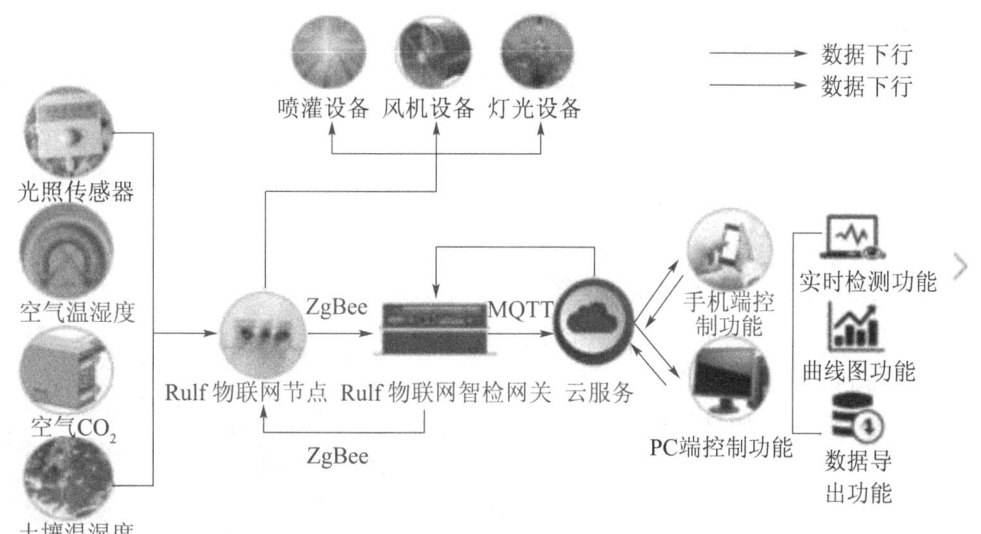

图 4-3 智慧农业构架图

温度等，然后根据这些信息来决定是否需要浇水、施肥，这样不仅可以提高农作物的产量，还能减少资源的浪费。

再比如智能驾驶，物联网技术可以帮助汽车实时感知周围的环境，比如其他车辆的位置、行人的动态等，然后根据这些信息来自动调整行驶路线和速度，确保行车安全。想象一下，你坐在一辆高科技的汽车里，只需要告诉汽车你想去哪里，然后它就能自动把你带到目的地，期间你完全不需要操控方向盘或者踩油门刹车。这听起来是不是很神奇？其实，这并不是科幻电影里的情节，而是最新自动驾驶技术给我们带来的现实生活体验（图4-4）。

物联网的快速发展确实带来了许多前所未有的便利，但同时也伴随着一些新的挑战和问题。

安全问题是物联网面临的一大挑战。随着越来越多的设备连接到网络，物联网系统成为黑客攻击的新目标。由于很多物联网设备都是24小时在线，且可能存在安全漏洞，这就给黑客提供了可乘之机。黑客可能会利用这些漏洞入侵设备，窃取个人信息，甚至控制设备进行恶意攻击。比如，智能家居中的摄像头如果被黑客入侵，就可能泄露用户的隐私；智能门锁如果被黑客控制，就可能导致安全问题。

数据处理是物联网面临的另一大挑战。物联网设备每天都在产生大量的数据，这些数据包括设备运行状态、用户行为信息等。如何合理地收集、存储和处理这些数据成为一个重要的问题。一方面，大量的数据需要巨大的存储空间，而且数据的传输和处理也需要消耗大量的网络资源。另一方面，如何保证数据的准确性和完整性也是一个难题。如果数据处理不当，就可能导致错误的分析结果或者决策失误。

隐私保护也是物联网面临的一个重要问题。由于物联网设备可以收集到大量的个人信息，如果这些信息被泄露或被滥用，就会对用户的隐私造成严重的威胁。因此，加强隐私保护是物联网发展中必须重视的问题。

【拓展】请结合自身生活中某一物联网的应用，谈谈在该应用中存在哪些风险和挑战？我们如何应对这些挑战？

第二节　小小植物侦探家

【情境】小林是一个对自然充满好奇心的孩子，他家的阳台上种满了各种各样的植物。最近，他注意到有几盆植物的状态不佳，叶子开始发黄，生长速度也明显放缓。他怀疑这可能与植物的生长环境有关。

为了找出问题的根源，小林决定制作"小小植物侦探家系统"，利用物联网的一些

基础设备来感知和了解植物的生长环境。

【驱动性问题】如何设计制作一个小小植物侦探家系统，利用感知传感器，准确地收集和记录植物生长环境的实时数据？以便更好地了解并优化植物的生长条件。

一、分析问题

（一）抽象

问题分析：在设计"小小植物侦探家系统"时，我们需要从具体的硬件设备、植物生长环境和数据收集记录的过程中，抽象出关键的概念和操作流程。这包括识别出哪些传感器可以感知植物生长的关键环境参数，如何将这些传感器的数据转化为有意义的信息，并且如何有效地存储和检索这些数据。

理解：抽象的过程是将物理世界的复杂性和多样性简化为计算机可以理解和操作的格式。在本问题中，抽象意味着将各种传感器读数转化为标准化的数据格式，以便于后续的数据分析和环境优化决策。

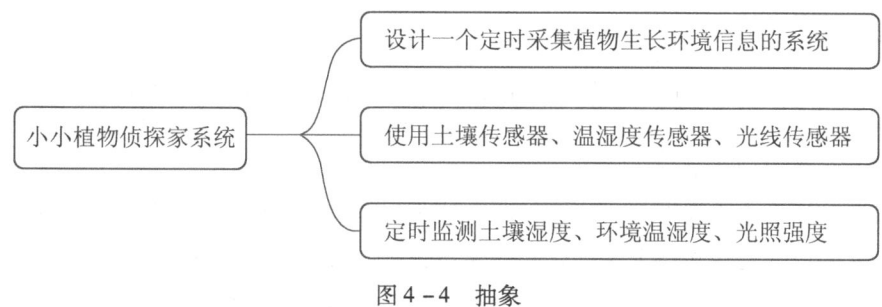

图 4-4　抽象

（二）分解

问题分析：分解是将整个问题切割成更小、更具体的子任务。在这个问题中，我们可以进行如下分解（图 4-5）：

子问题 1：如何同时检测土壤的湿度、环境的温湿度以及环境的光照度？

解决方案：使用土壤湿度传感器来直接测量土壤中的水分含量；利用温湿度传感器同时测量环境中的温度和湿度；通过光线传感器（如光敏电阻）来感知环境光线的强弱。这些传感器能够将各自的检测数据转换为电信号，便于系统统一读取和记录。通过这种方式，我们可以同时获取土壤湿度、环境温湿度以及光照度的实时数据。

子问题 2：如何确保数据的准确性和可靠性？

解决方案：对传感器进行定期校准，以确保其测量值的准确性。

子问题 3：如何设置检测的时间，实现定时检测功能？

解决方案：利用微控制器的内置时钟和定时器功能，设定固定的时间间隔来读取传感器数据，从而实现定时自动检测。

子问题 4：如何可视化呈现采集到的数据？

解决方案：在程序中分别设置相关的变量来接收和存储从传感器采集到的土壤湿度、环境温湿度以及光照度数据，并将这些数据输出到监视器窗口和 OLED 屏中。

子问题 5：如何了解植物的最佳生长环境？

解决方案：利用互联网资源进行搜索，查找特定植物的最佳生长环境要求。可以参考农业研究机构、园艺论坛、植物数据库等在线资源,了解不同植物对土壤、温度、湿度、光照等方面的需求。这些信息有助于为植物提供最适宜的生长条件,促进其健康生长。

图 4-5 分解

(三) 建模

问题分析:在建模阶段,我们需要创建一个能够模拟植物生长环境数据收集和记录过程的模型(图4-6)。这个模型需要能够接收传感器的输入数据,将这些数据存储到变量中,并能在监视窗口中可视化呈现。

理解:建模是将实际问题的特性和行为转化为计算机可以理解和执行的格式。在本问题中,建模的目的是构建一个能够处理传感器数据、存储数据并可视化呈现的系统模型。这个模型将作为我们设计和开发"小小植物侦探家系统"的基础。

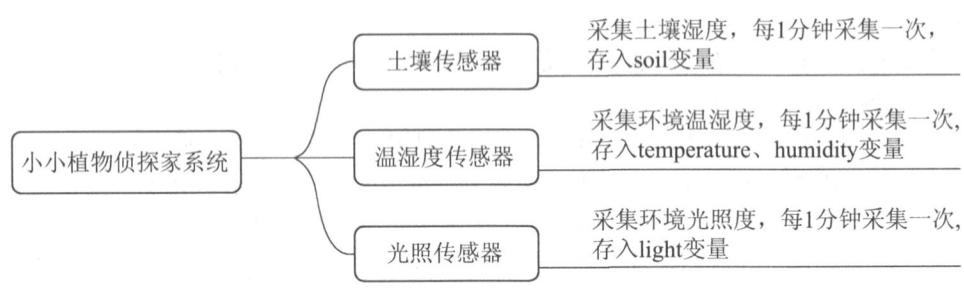

图 4-6 建模

二、教学目标

(1)通过使用掌控板、扩展板、土壤传感器和温湿度传感器等开源硬件【过程】,学生能够成功感知并记录下土壤温度、环境温湿度以及环境光照度等植物生长环境信息【结果】,从而能够准确地描述和比较不同环境条件下植物的生长状况【表现】。

(2)学生能够将传感器感知到的数据实时显示在监视器窗口和掌控板的OLED屏幕上【过程】,实现数据的可视化呈现【结果】,进而能够分析并解释这些数据如何为后续的植物生长优化项目提供决策依据【表现】。

(3)通过本节课的学习和实践操作【过程】,学生应能够熟练掌握物联网感知技术的基本原理和应用方法【结果】,并能够独立搭建和调试简单的物联网感知系统,表现出对物联网技术的兴趣和进一步探索的意愿【表现】。

三、评价标准

1. 评价标准一

(1) 学生能够正确连接和使用掌控板、扩展板、土壤传感器和温湿度传感器采集并能准确感知并记录土壤温度、环境温湿度以及环境光照度等数据。

(2) 学生能够清晰地描述和比较不同环境条件下植物的生长状况,并基于所记录的数据进行合理的分析。

2. 评价标准二

(1) 学生能够将传感器感知的数据实时、准确地显示在监视器窗口和掌控板的OLED屏幕上。

(2) 学生的数据可视化呈现应清晰、直观,便于观察和分析;能够解释所显示的数据,并合理推断这些数据如何为后续的植物生长优化项目提供决策支持。

3. 评价标准三

(1) 学生能够独立搭建和调试简单的物联网感知系统,能够准确阐述物联网感知技术的基本原理,并表现出良好的操作技能。

(2) 学生在课程结束后表现出对物联网技术的浓厚兴趣,并能够提出进一步探索的方向或想法。

四、认识DHT11温湿度传感器

DHT11温湿度传感器如图4-7所示。

(一) 测试DHT11温湿度传感器

【实验】两个同学一组,一个同学负责将DHT11温湿度传感器接入扩展板P8位置,将读取环境温湿度的程序定义为TH函数,程序如图4-8所示。另一个同学负责观察监视器窗口的数据,记录到表4-1中。

图4-7 DHT11温湿度传感器

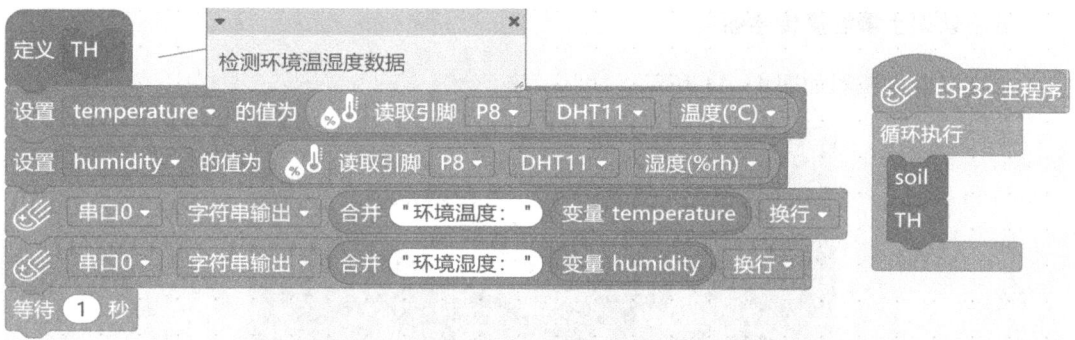

图4-8 读取土壤湿度传感器数据

表 4-1 DHT11 温湿度传感器监测数据表

传感器	显示数值
环境湿度	
环境温度	

【思考】如何判断 DHT11 温湿度传感器检测的实时数据是否精确？

对于环境光的检测，在第三章已经展示，本节不再重复。环境光检测的程序如图 4-9 所示。

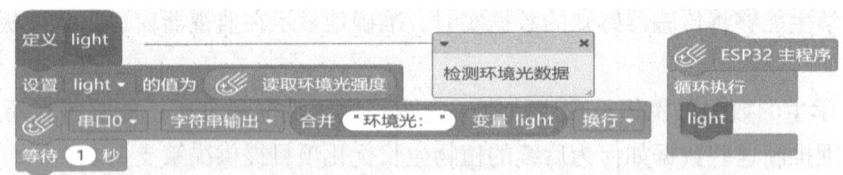

图 4-9 读取环境光传感器数据

串口监视器显示的数据如图 4-10 所示。

```
土壤湿度：760.00
环境温度：23.00
环境湿度：70.00
环境光：4077.00
土壤湿度：773.00
环境温度：23.00
环境湿度：70.00
环境光：4078.00
土壤湿度：770.00
环境温度：23.00
环境湿度：70.00
环境光：4071.00
```

图 4-10 串口监视器显示的数据

【思考】监视器窗口显示的数据既不美观，又不现实，在测试无误后，有什么办法将检测到的数据可视化，使作品的界面更加友好？

五、认识土壤湿度传感器

土壤湿度传感器如图 4-11 所示。

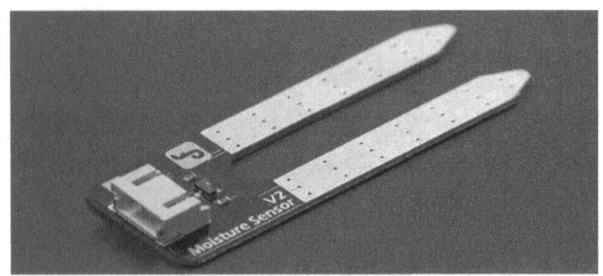

图 4-11 土壤湿度传感器

(一) 土壤湿度传感器的原理

土壤湿度传感器是通过判断土壤中水分含量的多少来判定土壤的湿度大小。如图 4-12 所示,当土壤湿度传感器探头悬空时,三极管基极处于开路状态,三极管输出为 0。

当土壤湿度传感器插入土壤中,由于土壤中水分含量不同,土壤的电阻值就不同,三极管的基极就提供了大小变化的导通电流,三极管集电极到发射极的导通电流受到基极控制,经过发射极的下拉电阻后转换成电压。

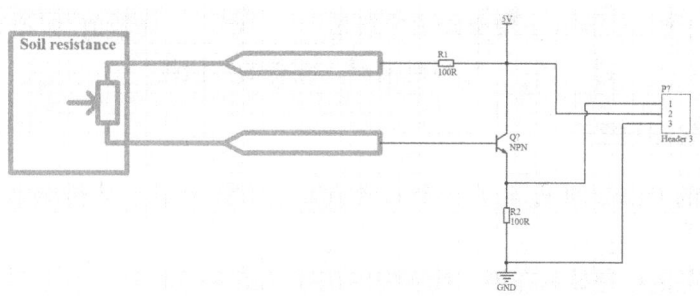

图 4-12 土壤湿度传感器电路图

(二) 测试土壤湿度传感器

【实验】两个同学一组,一个同学负责将土壤湿度传感器接入扩展板 P2 位置,按刚才分解的子问题,将读取土壤湿度的程序定义为 soil 函数,程序如图 4-13 所示,分别将传感器悬空、放入水中、插入泥土中,测试不同环境下土壤湿度传感器的数值。另一个同学负责观察监视器窗口的数据(图 4-14),记录到表 4-2 中。

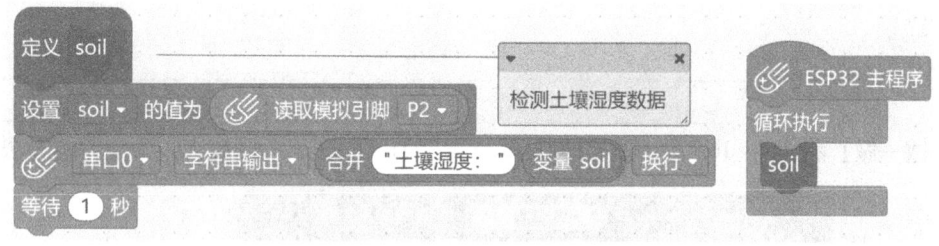

图 4-13 读取土壤湿度传感器数据

```
土壤湿度: 768.00
土壤湿度: 641.00
土壤湿度: 693.00
土壤湿度: 688.00
土壤湿度: 688.00
土壤湿度: 720.00
土壤湿度: 728.00
土壤湿度: 688.00
土壤湿度: 669.00
土壤湿度: 709.00
土壤湿度: 753.00
土壤湿度: 737.00
土壤湿度: 758.00
土壤湿度: 686.00
```

图 4-14 监视器窗口读取土壤湿度传感器数据

表4-2　土壤湿度传感器监测数据表

传感器状态	显示数值
悬空	
泥土中	
水中	

【思考】通过实验，发现土壤湿度传感器是_____（数值/模拟）类型传感器，其数值范围是：_____到_____。环境越潮湿，测得的数值越_____。

六、可视化检测数据

掌控板自带的 OLED 屏提供了一个非常直观的方式来显示从传感器采集到的数据（第三章已学）。

首先是将作品的标题显示在第一行居中的位置（图4-15）。

图4-15　显示作品信息

【做一做】为什么 X、Y 的坐标为（19，0）？尝试上机测试，验证你的猜想。
_____

要分别显示土壤湿度、环境温湿度、环境光照度在 OLED 屏的第2、3、4行，如何编写代码？
_____

【做一做】将图4-16三行代码分别放入 soil、TH、light 三个函数中，验证你的想法。

图4-16　分别显示植物生长的环境信息

最终显示效果如图4-17所示。

七、项目创作

各个小组选择一种植物，完成"小小植物侦探家"的项目创作。

（1）材料准备：将小组准备的材料写在下面的横线上。

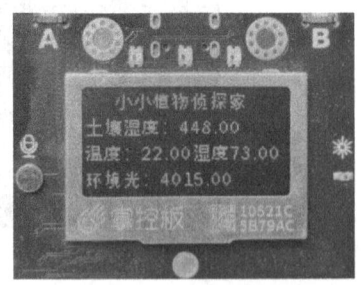

图4-17　可视化检测数据

所需的材料有：_____
_____

（2）不同的植物对环境的要求是不一样的，我们可以利用百度搜索等网络资源，得出所研究植物的最佳生长环境，并将数据填入下表。

表 4-3

植物名称	土壤湿度	空气湿度	空气温度	环境光照度	喜光还是喜阴	其他特性

（3）硬件连接

请将连接图画在下面空白处。

（4）程序编写

请在 Mind+ 中写出作品的完整程序，请将程序的流程图画在下面的方框中。

（5）作品测试：测试并完善作品。

八、项目分享与评价

1. 作品分享与展示

（1）环节组成。

介绍作品功能及制作过程（时间 5 分钟）；接受其他小组的提问并回答（时间 3 分钟）。

（2）注意事项。

①作品展示环节应该现场演示作品具体的功能如何实现。

②演示环节需要注意安全，必要时请佩戴护目镜和劳保手套等。

2. 项目评价

请按照本书附录中的项目化学习评价量规对本项目进行自评和互评。

第三节　数据传输

【情境】暑假将至，小林一家计划外出旅游两周，享受愉悦的假期时光。然而，这也带来了一个难题：家中的植物在这两周内该如何进行生长环境监测呢？幸运的是，小林之前已成功利用传感器实现了对植物生长环境的实时监测。现在，他只需要想办法在旅行期间也能持续追踪这些数据，就能确保植物得到妥善照料。

【驱动性问题】如何实现对家中植物生长环境的远程实时监测，以确保植物得到适当的照料？

一、分析问题

（一）抽象

问题分析：在抽象阶段，我们需要从具体的情境中提取出核心问题和关键信息。如何在离家期间远程监测家中的植物生长环境。这要求我们要忽略具体的植物种类、传感器的具体型号等细节，而聚焦于如何实现数据的远程获取和监测这一核心功能（图4-18）。

理解：抽象出的问题是如何利用物联网技术实现远程数据监测。这涉及物联网平台的使用、数据的远程传输以及如何通过手机或电脑等终端设备进行查看。

图4-18　数据远程监测结构图

（二）分解

问题分析：在分解阶段，我们将抽象出的问题细化为更小、更具体的子问题（图4-19）。首先，需要了解并选择一个合适的物联网平台（如MixIO）；其次，需要掌握如何将传感器数据与物联网平台连接；再次，需要理解数据传输的原理和协议（如MQTT）；最后，需要学会如何通过终端设备远程监听数据、发送主题消息。

理解：分解后的问题包括选择物联网平台、连接传感器与平台、理解数据传输原理和协议，以及远程数据监听和发送。每个子问题都需要具体的知识和技能去解决。

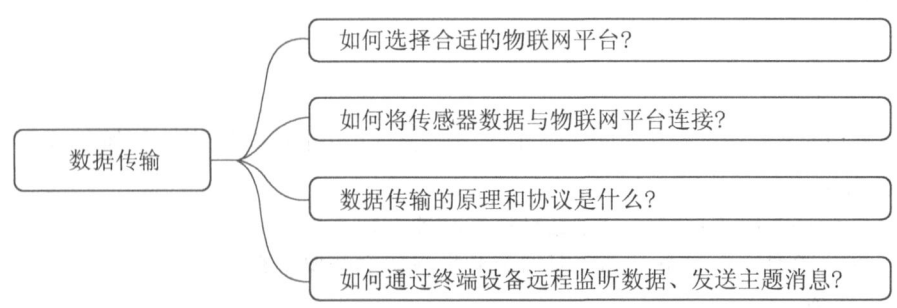

图4-19　数据传输功能分解

（三）建模

问题分析：在建模阶段，我们需要根据分解后的子问题构建解决方案。首先，选择一个功能全面且易于使用的物联网平台（如 MixIO）；其次，按照平台的指导将传感器与平台连接起来，确保数据能够实时上传；然后，学习和应用 MQTT 等协议，保证数据的稳定传输；最后，通过平台的 APP 或网页端监听数据、发送主题消息，实现数据传输功能（图 4 – 20）。

理解：建模的过程就是将理论知识和实际操作相结合，构建出一个能够解决实际问题的方案。在这个案例中，就是通过连接传感器、设置物联网平台和运用相关协议，建立起一个数据感知设备—物联网平台—智能终端数据通信的系统。

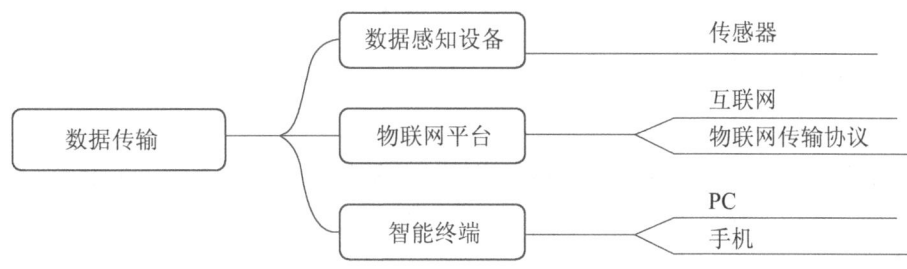

图 4 – 20 数据传输功能实现框架

二、教学目标

（1）通过学习物联网平台的基本概念和主要功能【过程】，学生能够准确解释什么是物联网平台及其核心功能【结果】，能列举出至少三个物联网平台的主要作用【表现】。

（2）通过操作实践 MixIO 物联网平台【过程】，学生能初步了解 MixIO 物联网平台的工作界面和主要功能【结果】，掌握在物联网平台监听数据和发送主题的方法【表现】。

（3）通过学习物联网协议（如 MQTT）和互联网连接原理【过程】，学生能理解物联网平台与传感器设备之间的连接方式和数据传输原理【结果】，能简述 MQTT 协议在数据传输中的具体作用【表现】。

（4）通过实践操作将传感器设备连接到 MixIO 物联网平台【过程】，成功实现掌控板与 MixIO 物联网平台双向通信【结果】，学生能展示数据传输的完整流程并解释每一步的作用【表现】。

三、评价标准

1. 评价标准一

（1）学生能够准确解释物联网平台的概念。

（2）学生能够列举并解释物联网平台的主要功能。

2. 评价标准二

(1) 学生能够初步掌握 MixIO 物联网平台的工作界面。

(2) 学生能够独立使用 MixIO 物联网平台的数据监听、发送主题消息的功能。

3. 评价标准三

(1) 学生能够描述物联网平台与传感器设备之间的连接方式和数据传输原理。

(2) 学生能够解释传输协议（如 MQTT）在数据传输过程中的作用及其对物联网系统的重要性。

4. 评价标准四

(1) 学生能够成功地将传感器设备感知的数据上传到 MixIO 物联网平台，并展示监听到的数据和远程控制掌控板 LED 灯的亮灭。

(2) 学生在实践过程中能够解决遇到的基本问题，展示故障排除能力。

四、认识物联网平台

(一) 物联网平台的基本概念

物联网平台是一个连接和管理物联网设备、应用和数据的中心枢纽。它提供设备接入、数据存储、数据处理和分析以及应用集成等功能，从而实现物联网设备和云端服务之间的无缝连接。

(二) 物联网平台的主要功能

(1) 设备接入与管理：物联网平台支持多种标准和非标准的物联网通信协议，使得各种类型的物联网设备能够接入平台，并进行统一的管理和控制。

(2) 数据采集与存储：平台能够实时收集来自物联网设备的数据，并将其存储在云端，以便后续的数据分析和应用。

(3) 数据处理与分析：物联网平台通常提供数据处理和分析功能，如数据清洗、数据聚合、数据挖掘等，以帮助用户从海量数据中提取有价值的信息。

(4) 安全与隐私保护：物联网平台需要确保数据传输和存储的安全性，同时提供隐私保护功能，以防止数据泄露和滥用。

(5) 应用集成与开发：平台提供 API 和 SDK 等工具，支持第三方应用的集成和开发，从而丰富物联网应用场景。

(三) 物联网平台的主要作用

(1) 促进物联网设备的互联互通：物联网平台通过统一的接口和标准，实现不同厂商、不同类型设备的互联互通，降低了物联网应用的复杂性。

(2) 提升数据价值：通过数据采集、存储和分析，物联网平台能够帮助用户更好地理解和利用数据，从而做出更明智的决策。

(3) 推动物联网应用创新：物联网平台为开发者提供了丰富的工具和资源，促进了物联网应用的开发和创新。

(四) 国内主要物联网平台

目前市场上有许多可用的物联网平台，这些平台提供了丰富的功能和服务，以满足不同行业和场景的需求。以下是一些知名的物联网平台。

1. 阿里云物联网平台

阿里云物联网平台是阿里云提供的一项云服务，专门设计用于帮助企业和开发者连接、管理和分析物联网设备。该平台提供了强大的 IoT Hub 功能，确保设备与云端之间能够进行稳定、双向的通信。它还支持全球多节点部署，以减少通信延时，并提供多重防护能力来保障设备云端的安全性。此外，阿里云物联网平台还具备丰富的设备管理功能、稳定的数据存储能力以及规则引擎，使用户能够轻松地配置规则，实现数据采集、数据计算和数据存储的全栈服务，从而快速灵活地构建物联网应用。

2. Easy_IoT

Easy_IoT 是一个简单易用的物联网平台，旨在简化和加速物联网设备的连接和管理过程。它提供了易于使用的工具和界面，使用户能够轻松地将各种设备和传感器连接到云平台并进行实时监控。这个平台可以远程管理和控制设备及传感器，并能够实时传输、收集和分析数据，实现设备端和用户端的互联互通。Easy_IoT 的目标是让物联网技术的使用变得更加便捷和高效。

3. MixIO

MixIO 是米思齐（Mixly）官方推出的一个开源平台，结合了 Blynk 和 MQTT 的特点，旨在为自主可控信息科技教育提供物联网服务器端应用。通过这个平台，用户可以轻松实现在线数据的上传和下发，并利用平台中的组件来控制开发板。此外，用户还可以在线对组件逻辑功能进行图形化编程，底层使用的代码是 Micropython。MixIO 不仅功能强大，而且易于使用，为物联网应用开发提供了极大的便利，特别适合于中小学生教育和编程爱好者的学习与研究。

五、使用 MixIO 物联网平台

（1）注册账号：输入 https：//mixio.mixly.cn/网址，点击注册账号（图 4-21）。

图 4-21 网站首页

图 4-22　注册账号

输入电子邮箱地址，设置密码，设置密保验证问题，完成平台账号注册（图 4-22、图 4-23）。

（2）创建项目：成功注册即可登录系统，首次登录系统会弹出创建项目窗口（图 4-24），我们创建一个 My_led 项目，点击确定。

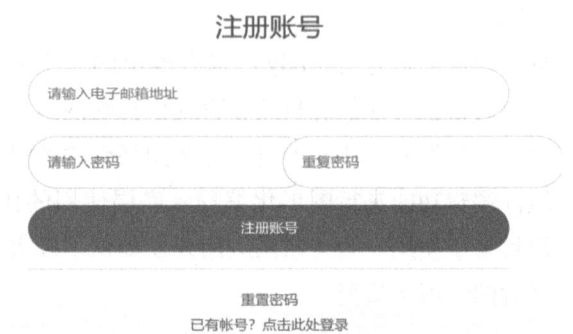

图 4-23　设置密保验证问题

六、数据上传到物联网平台

（一）加载网络服务模块

在 Mind+ 扩展中，选择"网络服务模块"，加载 MQTT、Wi-Fi 服务（图 4-25）。

图 4-24　创建项目

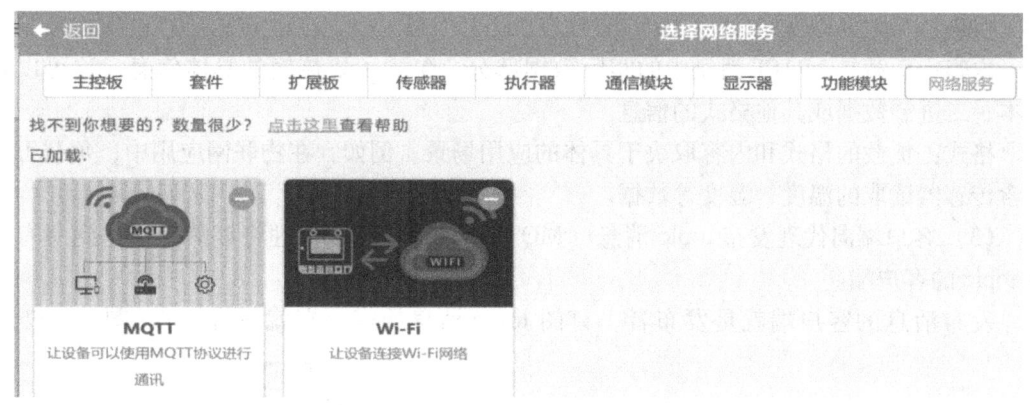

图 4-25 加载网络服务

（二）连接 Wi-Fi

在网络服务模块中添加 Wi-Fi 信息，设置一个交互，当 Wi-Fi 连接成功后将信息显示在 OLED 屏中（图 4-26）。

图 4-26 发起 Wi-Fi 连接

（三）MQTT 协议简介

MQTT（message queuing telemetry transport），是一个物联网传输协议，它被设计用于轻量级的发布/订阅式消息传输，旨在为低带宽和不稳定的网络环境中的物联网设备提供可靠的网络服务。

MQTT 是专门针对物联网开发的轻量级传输协议。MQTT 协议针对低带宽网络、低计算能力的设备，做了特殊的优化，使得其能适应各种物联网应用场景。

MQTT 通信运作方式：使用发布/订阅消息模式，提供一对多的消息发布，解除应用程序耦合。

（1）在 MQTT 通讯过程中，有三种身份，分别是发布者（publisher）、代理（broker）、订阅者（subscriber）。

（2）MQTT 传输的消息分为主题（topic）和负载（payload）两部分。

主题：

作用：主题是 MQTT 中用于标识消息类型或者消息目的地的关键字。它决定了消息将被发送到哪些客户端。

结构：主题通常是一个字符串，由多个级别组成，每个级别之间用斜杠（/）分隔。例如，"home/livingroom/temperature" 可以是一个主题。

发布/订阅模式：在 MQTT 中，客户端可以订阅一个或多个主题。当有其他客户端向这些主题发布消息时，订阅了该主题的客户端就会收到这些消息。

负载：

内容：负载是 MQTT 消息中的实际数据部分，包含了要传输的具体信息。这可以是文本、二进制数据或其他格式的信息。

格式：负载的格式和内容取决于具体的应用场景。例如，在物联网应用中，负载可能包含传感器读取的温度、湿度等数据。

（3）客户端向代理发布 topic 消息（MQTT 服务程序），代理将该消息推送到所有订阅 topic 的客户端。

发布消息的客户端就是发布者，订阅 topic 消息的客户端就是订阅者（图 4-27）。

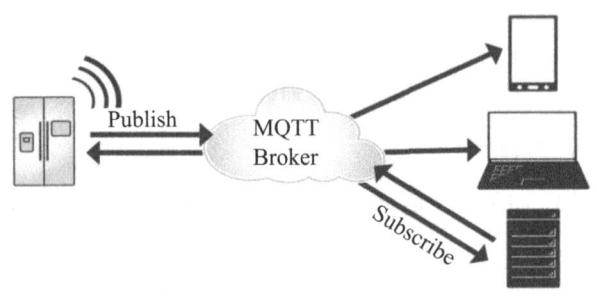

图 4-27　MQTT 协议

（4）配置 MQTT 协议：添加 MQTT 相关功能模块，配置 MQTT 参数并发起连接（图 4-28）。MQTT 参数配置如下：

物联网平台：SIOT

参数：

服务器地址：mixio.mixly.cn 或 47.92.33.17

账号：（上一步注册的账号）

密码：（注：此密码不是登录密码，登录 MixIO 平台后，可在左下角找到密码信息）

Topic 格式：用户名/项目名/组件主题

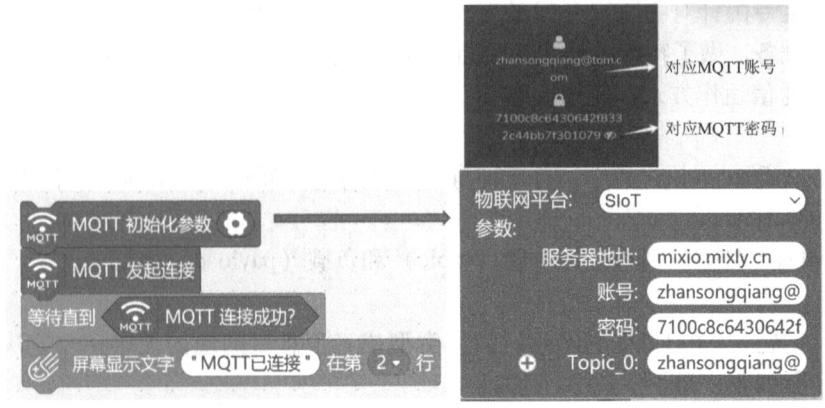

图 4-28　MQTT 连接

（5）传送数据到 MixIO 平台：当以上参考都设置完毕后，就可以将数据通过 Topic_0 发送到物联网平台了（图 4-29）。

图 4-29　环境光数据被传送到物联网平台

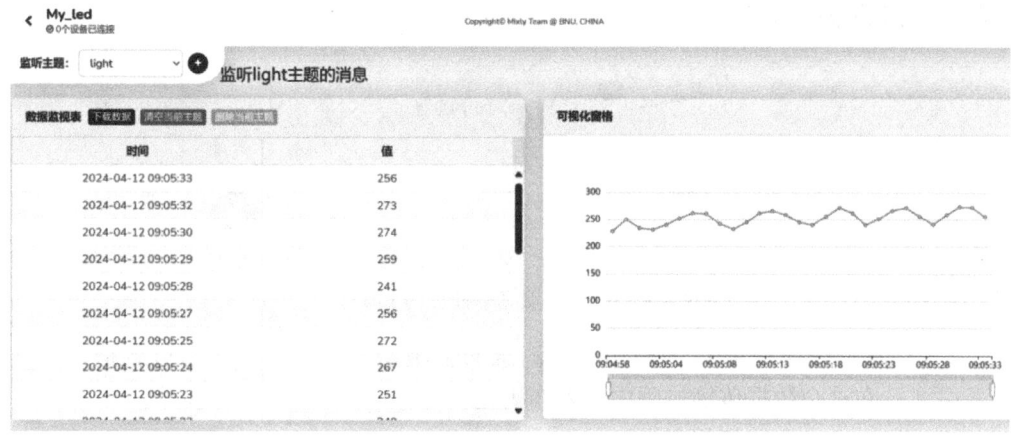

图 4-30　将数据上传到物联网平台

【思考】请使用自己的语言描述环境光数据上传到物联网平台的过程。

这个过程中，消息的主题是_____，负载是_____，发布者是_____，代理人是_____，订阅者是_____。

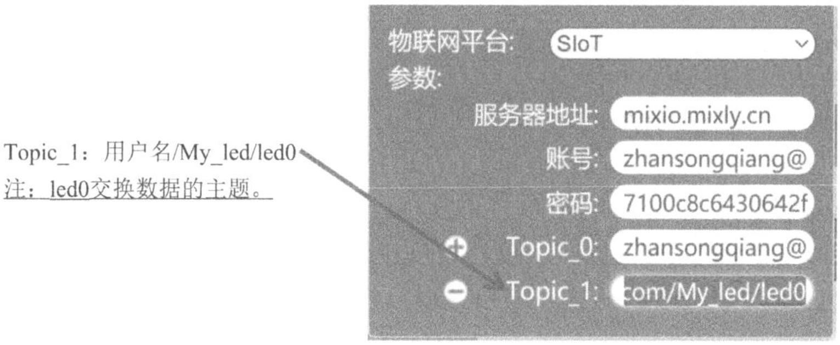

图 4-31　在 MQTT 参数中增加 Topic_1

七、远程控制 LED 灯

（1）要在远程终端发送一个消息来控制物联网设备，首先建立起主题通信通道。在 MQTT 初始化参数中增加 Topic_1，作为控制 0 号 LED 的通道，该 Topic 内容如图 4-31 所示。

（2）当 Topic_1 收到"on"消息时，将掌控板上 0 号 LED 设为红色，当收到"off"消息时，关闭 0 号 LED 灯（图 4-32）。

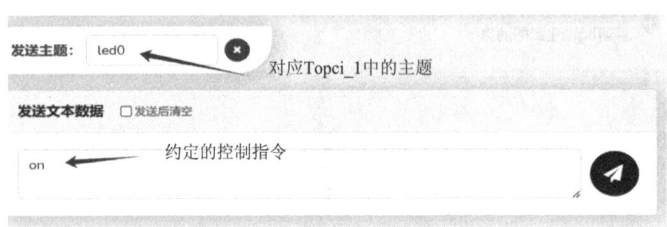

图 4 – 32 设置 LED 灯的控制指令

（3）在网页终端填上发送主题、发送文本数据，点击发送（图 4 – 33），检查掌控端是否收到数据并做出响应。

图 4 – 33 远程点亮掌控板的 LED 灯

【思考】在远程控制 LED 的操作中，消息的主题是_____，负载是_____，在这个数据传输过程中，发布者是_____，代理是_____，订阅者是_____。

【做一做】如果要分别设置远程控制掌控板上 0 号、1 号、2 号灯的亮灭，如何操作？

八、项目创作

（1）以小组为单位，登录 MixIO 官网，注册好账号，创建一个接收环境信息的项目，要求能至少接收一种环境信息。

项目名称：_____

（2）配置 Wi-Fi 和 MQTT 协议

1. Wi-Fi 信息：Wi-Fi 名称：_____　Wi-Fi 密码：_____

2. MQTT 信息

服务器地址：_____

账号：_____　密码：_____

Topic_0：_____

Topic_1：_____

Topic_2：_____

（3）程序编写：在 Mind + 中写出完整的作品程序，请将你们程序的流程图画在下面的方框中。

（4）作品测试：测试并完善作品，写出存在的主要问题，并写出你是如何解决的。

九、项目分享与评价

1. 作品分享与展示
（1）环节组成。
介绍作品功能及制作过程（时间5分钟）；接受其他小组的提问并回答（时间3分钟）。
（2）注意事项。
①作品展示环节应该现场演示作品具体的功能如何实现。
②演示环节需要注意安全，必要时请佩戴护目镜和劳保手套等。
2. 项目评价
请按照本书附录中的项目化学习评价量规对本项目进行自评和互评。

第四节　设计智能灯光控制系统

【情境】小明最近对智能家居产生了浓厚的兴趣，他想为家里的灯光设计一个智能控制系统，该系统具备"明亮""观电影"等模式，让家人可以根据自己的需要一键调整灯光，营造不同的氛围。

【驱动性问题】如何利用物联网技术，设计一个一键调整灯光的智能家居灯光控制系统？

一、分析问题

（一）抽象
问题分析：抽象是从具体事物中提取和总结共性的过程。在这个驱动性问题中，我们需要从智能家居灯光控制系统的具体实现细节中，抽象出核心的功能需求和组件。
理解：核心功能：一键调整灯光。这意味着系统需要有一个简洁的用户界面，允许用户通过一个动作触发多个灯光共同调整。系统利用物联网技术实现远程控制和数据传输。这涉及设备之间的通信协议、数据传输的安全性稳定性等问题（图4-34）。

图4-34　智能灯数据发布与订阅端

（二）分解
问题分析：分解是将复杂问题细化为更小、更易于解决的部分。在这个问题中，我们可以将一键调整灯光的智能家居灯光控制系统的设计分解为几个关键部分（图4-35）。
理解：硬件组件：使用2块掌控板来模拟（一块模块天花灯、一块模块背景灯）一键灯光控制的功能。

软件设计：包括用户界面设计、灯光控制逻辑的编程，以及与硬件设备的通信接口设计。这些软件组件需要协同工作，以确保用户的一键操作能够准确地控制灯光。

通信协议：选择合适的物联网通信协议（如 MQTT 等），以确保数据的可靠传输和设备的远程控制。

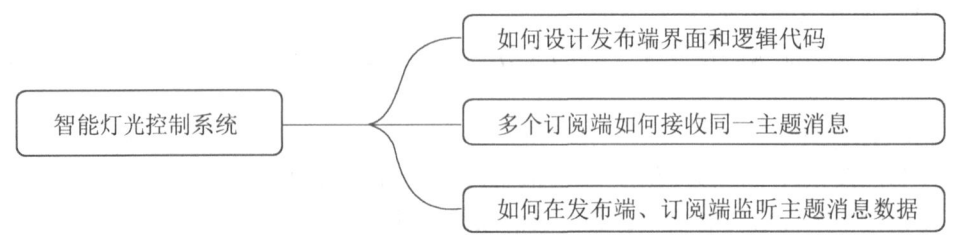

图 4-35　智能灯光控制系统问题分解

（三）建模

问题分析：建模是通过抽象和分解后，将问题以某种形式表示出来，以便于进一步分析和设计。在这个问题中，建模意味着创建一个智能家居灯光控制系统的概念模型或设计蓝图（图 4-36）。

理解：系统架构图：绘制出系统的整体架构，包括硬件设备、软件组件、通信协议等各个部分之间的关系和交互方式。

数据流图：描述数据在系统中的流动路径，包括从用户界面接收指令、通过物联网传输指令到最终控制灯光设备的过程。

状态转换图：表示系统在不同状态之间的转换，例如灯光开启、关闭、调节亮度等状态的变化过程。

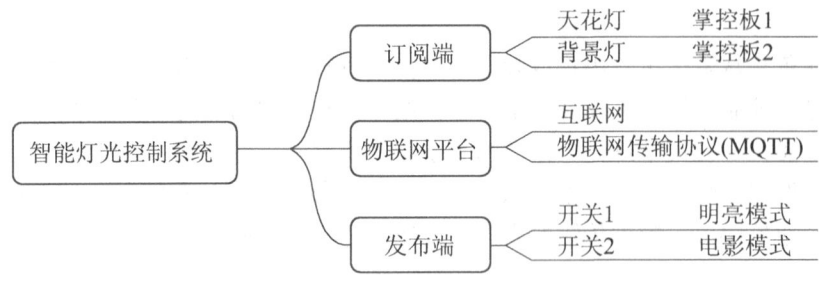

图 4-36　智能灯光控制系统模型设计

二、教学目标

（1）通过探索和实践 MixIO 平台的开关与装饰框组件应用【过程】，学生能掌握这些组件的逻辑代码编写方法【结果】，表现出对物联网设备基础组件功能的理解和应用能力【表现】。

（2）通过深入学习物联网传输协议，特别是 MQTT 协议的工作原理【过程】，全面理解 MQTT 的发布和订阅机制，学生能准确描述其工作流程【结果】，能在实际项目中合理配置和运用 MQTT 实现数据的可靠传输【表现】。

（3）通过分析和实践 1 对 N 的主题订阅模式【过程】，学生能充分理解该数据模式，并能实现用掌控板模拟一键调整灯光的功能【结果】,展现出对物联网设备间通信协调能力的掌握【表现】。

(4)学会使用监视器工具来监测数据的发布和接收情况【过程】,学生能准确识别数据传输中的问题并进行有效调试【结果】,提升在实际应用中快速定位和解决问题的能力【表现】。

三、评价标准

1. 评价标准一

(1)学生能够正确编写 MixIO 平台开关组件的逻辑代码。

(2)学生在实践过程中展现出对物联网设备基础组件功能的深入理解。

2. 评价标准二

(1)学生能够清晰描述 MQTT 的发布和订阅流程。

(2)学生在项目中能够合理配置 MQTT,并实现数据的可靠传输。

3. 评价标准三

(1)学生能够准确解释 1 对 N 主题订阅模式的工作原理。

(2)学生能够通过一个控制端远程控制多个掌控板 LED 灯来模拟智能家居的功能,展现出对物联网设备间通信协调的熟练掌握。

4. 评价标准四

(1)学生能够熟练使用监视器工具监测数据的发布和接收。

(2)学生能够准确识别数据传输中的问题,并进行有效的调试,在实际应用中表现出快速定位和解决问题的能力。

四、系统界面设计

(一)创建项目

创建一个 lighting 项目(图 4-37)。

(二)项目 UI 设计

在组件窗口中,添加 3 个装饰框,用于设计作品的外观(图 4-38)。

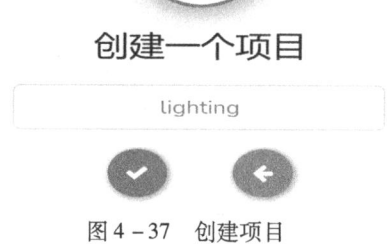

图 4-37 创建项目

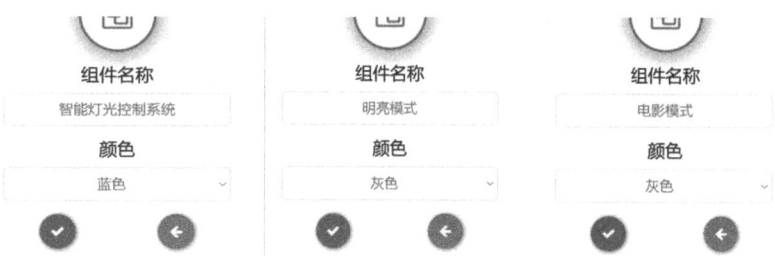

图 4-38 添加装饰框组件

(三)添加开关组件

在组件窗口中,添加 2 个开关,用于控制灯光的模式(图 4-39)。

图4-39 添加开关组件

图4-40 智能灯光控制系统用户界面

(四)完整的UI系统如图4-40所示。

五、发布端逻辑代码设计

(一)认识开关组件

MixIO的开关组件有两种状态：开和关。开时状态为true，关时状态为false。点击开关组件，开/关切换时会向消息主题发送1/0信号。

(二)监测开关的状态和消息主题

在逻辑状态下，找到组件操作，为bright开关组件加上如下代码（图4-41）：

图4-41 bright开关逻辑代码

点击运行按钮，监测bright组件的输出信息（图4-42）。

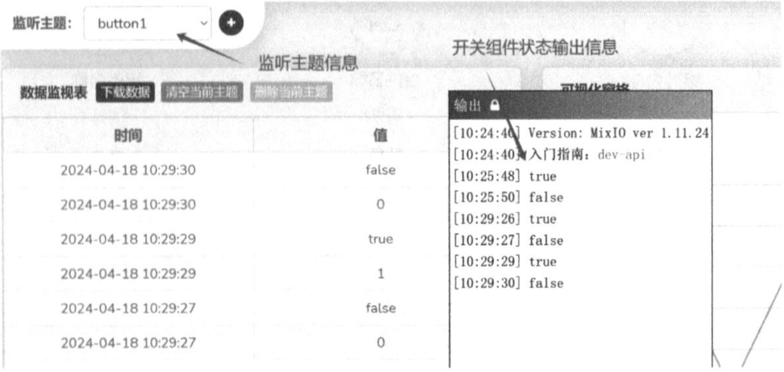

图4-42 bright组件的监听信息

【思考】开关不加逻辑代码时，监听主题 button1，看发布端是否有下发数据？

【做一做】尝试为 movice 组件添加代码，并监测其数据输出。

六、订阅端程序设计

（一）在 MQTT 初始化参数中订阅两个开关主题消息。

Topic_0：用户名/lighting/button1　　　#订阅 bright 的主题信息

Topic_1：用户名/lighting/button2　　　#订阅 movice 的主题信息

（二）掌控板1（模拟天花灯）监听代码设计（图 4 - 43）

从掌控板的串口监测中可以看到，当 bright 开关被点击时，会收到 1/0 和 true/false 两组信息，这与发布端的监测结果一致（图 4 - 44）。

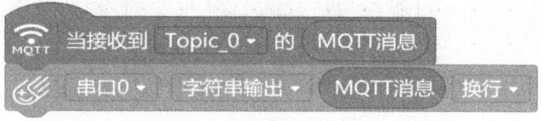

图 4 - 43　接收并监听 MQTT 消息

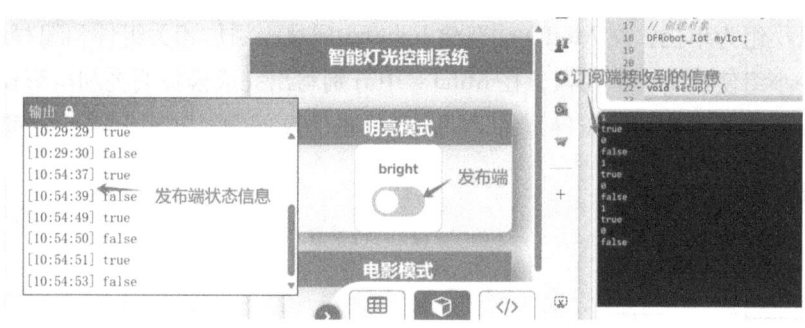

图 4 - 44　监听接收到的 MQTT 消息

【思考】如果订阅端收不到消息，问题出现在哪里？如何查错？

（三）数据应用

当收到发布端 bright 开关为开的消息时，将 LED 灯的亮度设置为 9，掌控板的三个 LED 灯设置为白色，当收到发布端 bright 开关为关的消息时，关闭所有 LED 灯，代码如图 4 - 45 所示。

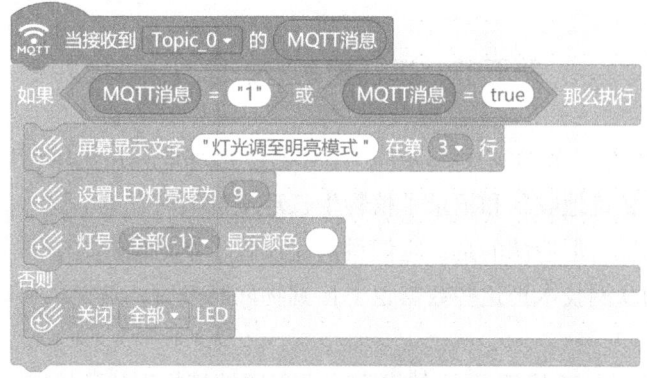

图 4 - 45　数据应用

【思考】将判断条件改为  会出现什么问题？

【做一做】将上述测试好的程序分别上传到两块掌控板中，观察项目运行情况是否正常。

【说一说】使用两块掌控板同时接收发布端的消息时，数据是这样传输的：

订阅端 1 和订阅端 2 的 Topic 是：＿＿＿＿＿＿＿＿＿＿＿＿＿＿＿＿＿＿＿＿

七、项目创作

（1）以小组为单位，在 MixIO 端新建 lighting 项目，添加相关组件和编写逻辑代码。

（2）各小组使用 2 块掌控板，在 Mind＋中分别写出完成模拟明亮和电影模式的代码。

（3）作品测试：测试并完善作品，写出存在的主要问题，并写出你是如何解决的。

八、项目分享与评价

1. 作品分享与展示

（1）环节组成。

介绍作品功能及制作过程（时间 5 分钟）；接受其他小组的提问并回答（时间 3 分钟）。

（2）注意事项。

①作品展示环节应该现场演示作品具体的功能如何实现。

②演示环节需要注意安全，必要时请佩戴护目镜和劳保手套等。

2. 项目评价

请按照本书附录中的项目化学习评价量规对本项目进行自评和互评。

第五节　远程植物守护家（一）

【情境】在本章第二节的实践活动中，小林已经熟练地利用土壤传感器、温湿度传感器、光线传感器，精确地收集和记录了植物生长环境的实时数据。这些数据详尽地反映了植物当前的生长状况，但遗憾的是，它们目前还仅限于本地储存，查看起来并不方便。能否利用刚学到的物联网技术把这些数据也上传到物联网平台，这样就可以随时随地查看数据了？

【驱动性问题】如何利用物联网技术实现远程监控植物生长环境？

一、分析问题

（一）抽象

问题分析：抽象是提取关键概念的过程。在这个问题中，我们需要抽象出数据上传、可视化呈现以及初步人工分析这几个核心步骤。

理解：数据上传：将植物生长环境的数据从传感器通过物联网技术上传到云端或服务器。

可视化呈现：将数据以图表或其他直观形式展示出来，便于人工分析。

初步人工分析：人通过查看可视化数据，对数据进行初步解读和分析。

（二）分解

问题分析：分解是将问题细化为更小、更具体的任务。在这个问题中，我们要分解为数据上传、可视化呈现和初步人工分析三个步骤（图 4-46）。

理解：数据上传：利用物联网技术，将收集到的数据上传到 MixIO 平台。

数据可视化：选择合适的图表或界面，将上传的数据以直观、易懂的方式呈现出来。

数据分析：通过远程监测数据，了解当前植物的生长环境，做出对应措施。

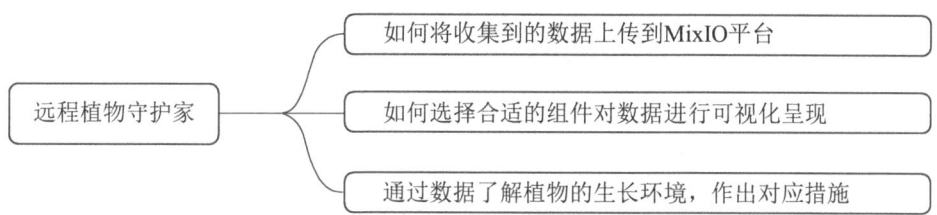

图 4-46 远程植物守护家问题分解

（三）建模

问题分析：建模是将分解后的任务转化为具体的实施方案。在这个问题中，建模涉及数据上传的流程设计、可视化界面的构建以及人工分析的框架（图 4-47）。

理解：数据上传流程：确定数据从传感器到云端的完整上传流程。

可视化界面构建：设计并实现一个用户友好的数据可视化界面，能够清晰地展示传感器收集的数据。

数据分析框架：为分析人员提供一个初步的数据解读和分析框架，帮助他们更好地理解数据。

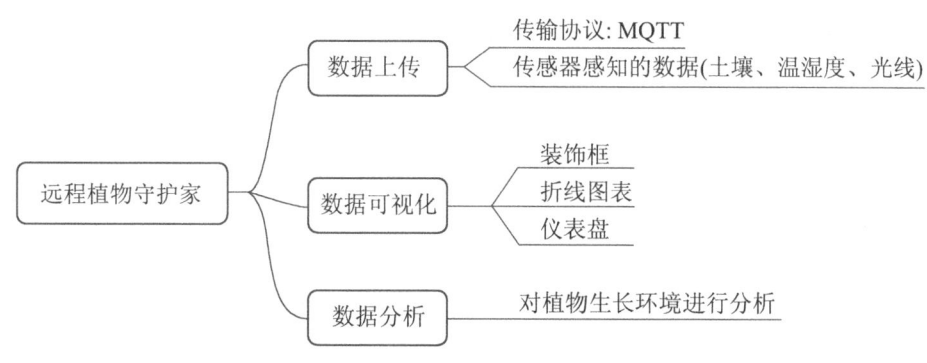

图 4-47 远程植物保护家模型设计

二、教学目标

（1）通过学习将数据上传到物联网平台的方法【过程】，学生能够成功地将土壤传感器、温湿度传感器、光线传感器的数据上传到 MixIO 物联网平台【结果】，展现出对物联网数据传输技术的掌握和运用能力【表现】。

（2）利用 MixIO 平台提供的数据可视化工具【过程】，学生能够实现数据的实时可视化展示，包括折线图表、仪表盘和界面设计【结果】，能够清晰地解释数据变化，并据此提出改善植物生长环境的建议【表现】。

（3）通过实际操作与体验物联网技术的应用【过程】，学生能够感受到物联网为生活带来的便利，认识到物联网技术的独特价值和潜力【结果】，并在日常生活中积极寻求运用物联网技术解决实际问题的机会【表现】。

三、评价标准

1. 评价标准一

（1）学生能够准确无误地完成数据上传操作，数据能够被平台正常接收和显示。

（2）学生在操作过程中展现出对物联网数据传输技术的熟练掌握和运用。

2. 评价标准二

（1）学生能够利用 MixIO 平台的数据可视化工具，制作出包含折线图表、仪表盘等元素的实时数据展示界面。

（2）学生能够清晰、准确地解释所展示数据的变化趋势和意义。

（3）学生能够根据数据分析结果，提出合理的改善植物生长环境的建议。

3. 评价标准三

（1）学生能够准确表述物联网技术为生活带来的便利和优势。

（2）学生展现出在日常生活中积极寻求和运用物联网技术解决实际问题的意愿和能力。

四、系统界面设计

（1）创建项目：创建一个 PG_Monitor 项目（图 4-48）。

（2）项目 UI 设计。在组件窗口中，添加 1 个装饰框，用于设计作品的外观（图 4-49）。

图 4-48　创建项目　　　　　　　图 4-49　添加装饰框组件

（3）添加组件。在组件窗口中，添加 2 个折线图表、2 个仪表盘，分别用于接收环境光、土壤湿度、环境温度和湿度数据（图 4 - 50）。

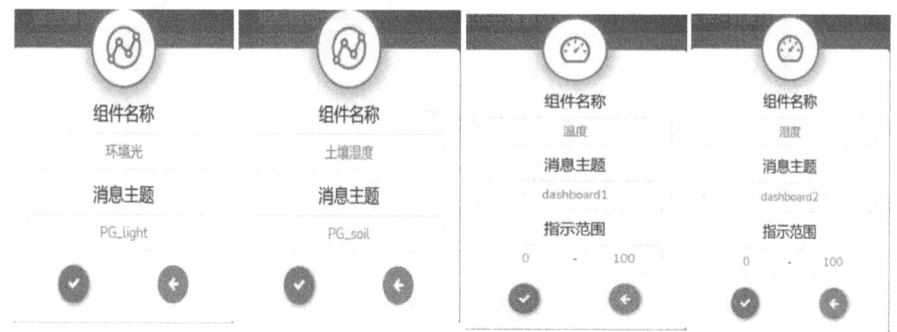

图 4 - 50　添加组件

（4）完整的 UI 系统如图 4 - 51 所示。

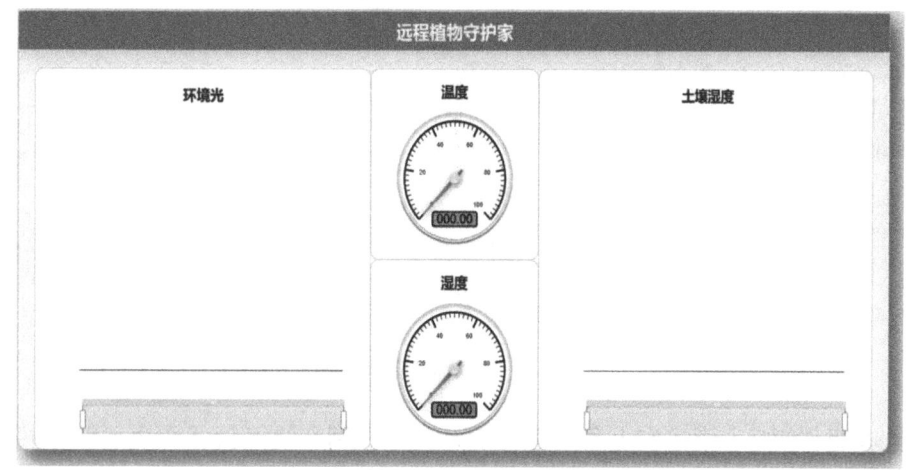

图 4 - 51　远程植物守护家系统界面

五、作品硬件清单

本作品用到的硬件清单有掌控板 1 块、扩展板 1 块、土壤传感器 1 个、DHT11 温湿度传感器 1 个。硬件的连接图参照第二节。

六、发布端逻辑代码设计

（1）MQTT 参数设置。本次共传环境光、土壤湿度、环境温度、环境湿度 4 项数据，因此要设置 4 个 Topic 与物联网平台的组件相关联。

  Topic_0：用户名/PG_Monitor/PG_light　　　　#环境光主题消息
  Topic_1：用户名/PG_Monitor/PG_soil　　　　 #土壤湿度主题消息
  Topic_2：用户名/PG_Monitor/dashboard1　　 #环境温度主题消息
  Topic_3：用户名/PG_Monitor/dashboard2　　 #环境湿度主题消息

（2）发布端程序设计

上传环境光数据代码，如图 4 - 52 所示。

图 4－52 上传环境光数据到 Topic_0

【做一做】根据环境光上传数据的方法，写出余下的程序。

七、订阅端逻辑代码设计

（1）发布端上传数据后，可以在数据监听窗口查看收到的数据（图 4－53）。

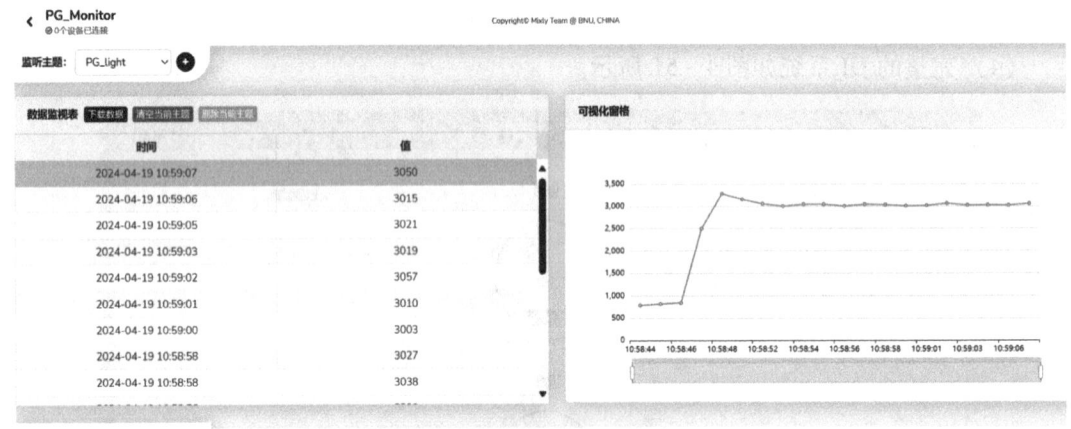

图 4－53 数据监听窗口数据

（2）在组件窗口，点击右上角的运行后，可以看到环境光折线图表已收到相关数据（图 4－54）。

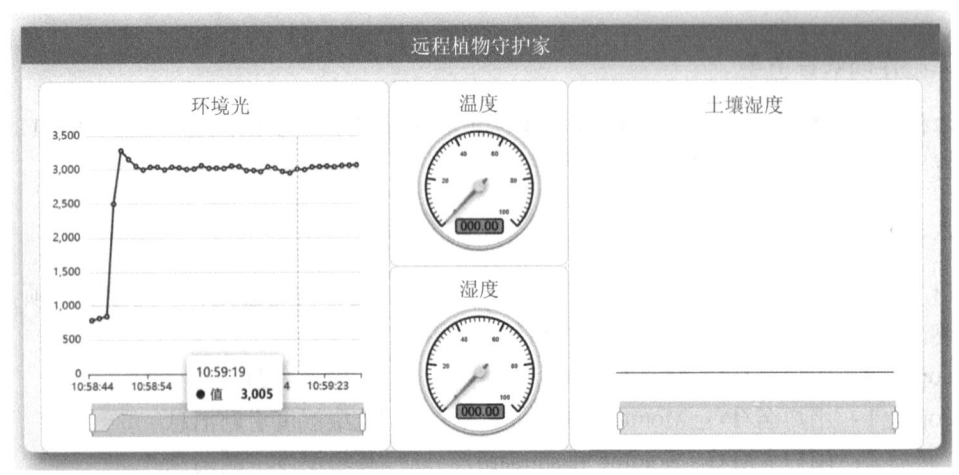

图 4－54 组件收到的数据

（3）当所有传感器都上传数据，订阅端收到的数据如图 4－55 所示。

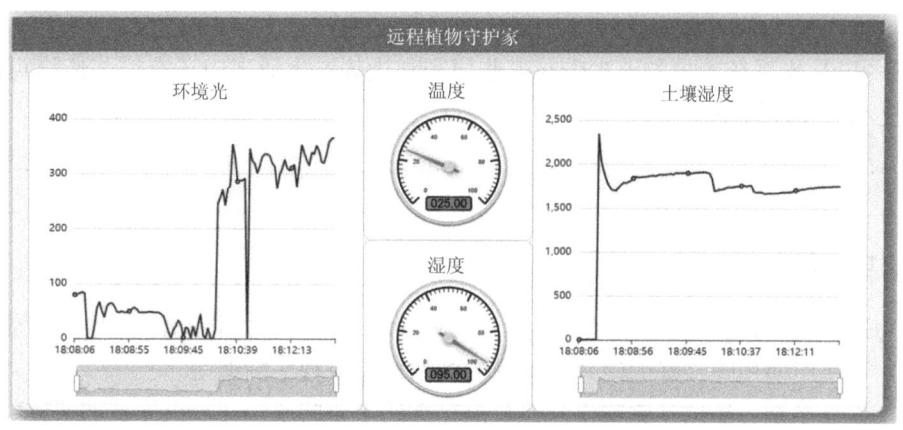

图 4-55 远程植物守护家收到的数据

【说一说】请根据远程植物守护家系统功能，补充表 4-4 信息，并陈述在这个系统中数据是如何传递的。

表 4-4 远程植物守护家数据监测表

发布端	使用 Topic	接收端组件	接收端主题消息
环境光数据			
土壤湿度			
环境温度			
环境湿度			

（4）下载监测数据。要了解监测的数据，可以点击组件，选择下载数据（图 4-56），系统会下载一个 CSV 格式的文件到本地，该文件是一个含有时间和值的二维表格（图 4-57）。

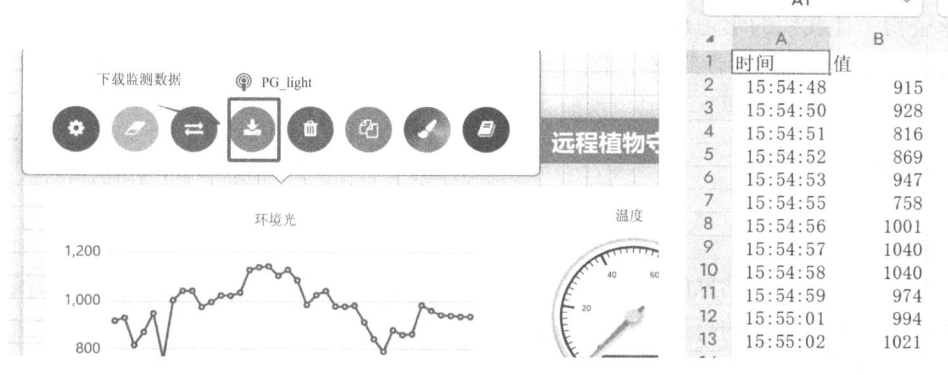

图 4-56 下载监测的环境光数据　　图 4-57 下载到本地的 CSV 表格

根据系统监测的数据，我们对植物的养护有如下建议：

【想一想】本系统给植物养护带来哪些便利和优势？生活当中还有哪些情境可以运用物联网技术去改善的呢？

_____

_____

八、项目创作

（1）以小组为单位，在 MixIO 端新建 PG_Monitor 项目，添加相关组件和编写逻辑代码。
（2）各小组使用连接好的硬件和监测的植物，完成程序的编写。
（3）作品测试：测试并完善作品，写出存在的主要问题，并写出你是如何解决的。

九、项目分享与评价

1. 作品分享与展示
（1）环节组成。
介绍作品功能及制作过程（时间 5 分钟）；接受其他小组的提问并回答（时间 3 分钟）。
（2）注意事项。
①作品展示环节应该现场演示作品具体的功能如何实现。
②演示环节需要注意安全，必要时请佩戴护目镜和劳保手套等。
2. 项目评价
请按照本书附录中的项目化学习评价量规对本项目进行自评和互评。

第六节　在线投票器

【情境】为了给班级增添一些生机与绿意，我们决定通过无记名投票来选出三种最适合在室内种植的绿色植物。每位同学都有权为自己心仪的植物投上一票，最终将根据投票结果来选择植物，让我们的学习环境更加宜人。

【驱动性问题】如何通过物联网技术，让班级的每个同学都能参与到选择班级绿色植物的决策中，并确保选择过程是公正、透明和高效的？

一、分析问题

（一）抽象

问题分析：在本节中，抽象的思维主要体现在将实际的投票选择过程简化为通过触摸掌控板金手指进行指令上传的行为，以及将复杂的物联网数据传输过程简化为数据从发送端到接收端的流动。

理解：学生需要理解，通过物联网平台进行投票选择，实际上是将每个人的选择（抽象为数据指令）通过特定的技术手段（掌控板金手指和物联网平台）进行传输和处理。这种抽象思维有助于学生更好地理解技术应用背后的逻辑和原理。

（二）分解

问题分析：在本节课中，学生需要将整个投票选择过程分解为几个关键步骤，包括理解掌控板金手指的工作原理、掌握数据上传到物联网平台的方法，以及了解数据可视化的应用等（图4-58）。

理解：学生需要理解每个步骤的作用和重要性，以及它们如何共同构成完整的投票选择过程。这种分解思维有助于学生有条理地学习和掌握相关知识和技能。

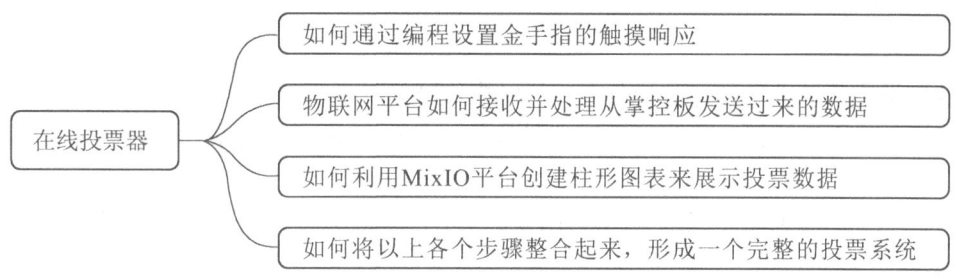

图4-58 在线投票器问题分解

（三）建模

问题分析：在本节课中，建模主要体现在利用MixIO平台创建投票器组件和柱形图表来模拟和展示投票数据的过程（图4-59）。

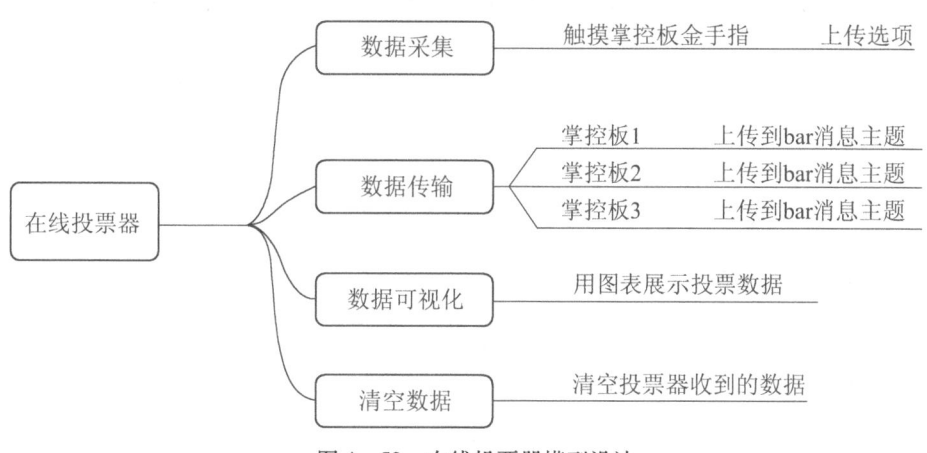

图4-59 在线投票器模型设计

理解：通过MixIO平台上的投票器组件，可以方便地模拟投票过程并实时展示投票结果。这种建模思维有助于学生更好地理解和运用数据可视化的相关知识，提高他们解决实际问题的能力。

二、教学目标

（1）通过对掌控板金手指触摸按键功能的学习与实践操作过程【过程】，学生能理解对触摸按键响应输出机制，并掌握将不同触摸指令上传到物联网平台的方法【结果】，能完成准确触摸不同的金手指并成功将指令发布到物联网平台【表现】。

（2）通过学习和运用MixIO平台投票器组件的柱形图表功能【过程】，学生获得数据可视化的能力,了解如何将数据以直观图形的方式展示【结果】,能完成利用柱形图表准确反映投票数据的操作,并对数据进行分析和解读【表现】。

(3)通过学习和实践多块掌控板上传数据的流程【过程】,学生获得对物联网数据传输中 N 对 1 传输过程的深入理解【结果】,能描述从数据发送到平台接收并处理的完整流程,并能解释数据如何在多个设备间传输与同步【表现】。

三、评价标准

1. 评价标准一

(1)学生能够准确描述掌控板金手指触摸按键的工作原理。

(2)学生在实践操作中能够无误地触摸指定的金手指,并观察到物联网平台上相应的响应。

(3)学生能够独立完成至少三种不同金手指指令的上传,并确保指令被物联网平台正确接收。

2. 评价标准二

(1)学生能够清晰解释数据可视化的重要性和柱形图表在数据展示中的作用。

(2)学生在 MixIO 平台上能够准确创建并配置柱形图表,确保图表能够实时反映投票数据。

(3)学生能够根据柱形图表对投票数据进行分析,并准确解读图表中的信息。

3. 评价标准三

(1)学生能够准确描述物联网数据传输中 N 对 1 的传输原理,并解释每个步骤的作用和重要性。

(2)学生能够通过实际操作展示多块掌控板如何将数据上传到物联网平台,并确保数据被正确接收和处理。

四、网络查找适合室内种植的植物

小林通过互联网平台,在网络中查找到如下六种适合室内种植的植物,它们分别对应 A、B、C、D、E、F 的编号,如表 4 - 5 所示。

表 4 - 5 适合室内种植的植物

选项	A	B	C	D	E	F
植物名称	芦荟	虎尾兰	绿萝	吊兰	仙人掌	君子兰

五、认识掌控板触摸按键

(1)掌控板正面有五个"金手指"按键(图 4 - 60)(p/y/t/h/o/n),当用手指触摸时,会输出不同的数值(图 4 - 61)。

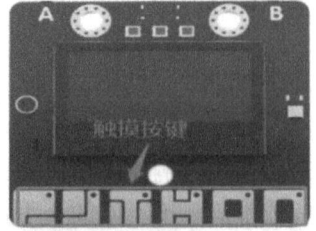

图 4 - 60 掌控板金手指

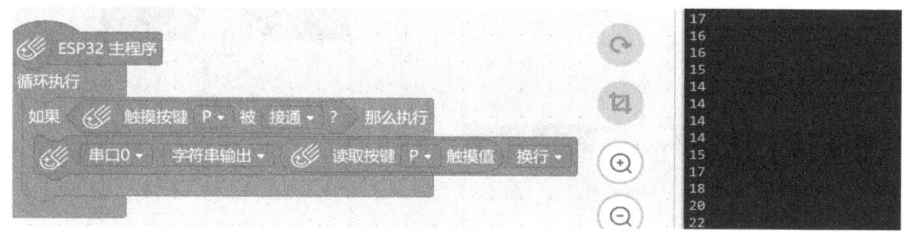

图 4-61　用串口监测掌控板金手指触摸数据

【思考】通过监测掌控板金手指触摸输出，可以发现，在手指触摸某个按键时会输出一串数据，但实际我们只希望输出一个数据，应如何处理？

（2）防抖处理。同时，在使用按钮、超声波等传感器时，也会出现上述类似问题，这与真实要采集的数据不相符，我们可以在程序中进行软件防抖处理，软件防抖是控制器内部程序通过轮询方式以固定时间采样输入的按键信号，在等待采样的过程中不能进行其他功能操作（图 4-62）。

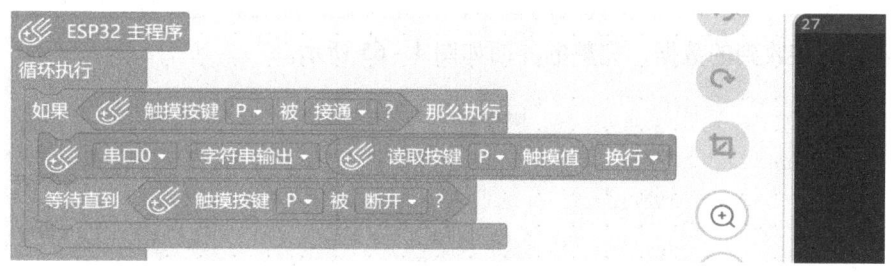

图 4-62　防抖处理

六、物联网平台设置

（一）创建项目

创建一个 toupiao 项目（图 4-63）。

（二）认识投票器组件

MixIO 平台的投票器组件可以接收文本数据，增加对应选项的计数，其选项为：

（1）选项列表：决定投票的个数以及名称。

（2）接收模式：单选，多选，消息格式。

例如，现在需要五个选项，分别为 A、B、C、D、E，那么选项列表里应该填写 A，B，C，D，E，使用逗号分隔开。模式为单选时，只能发送单个项目的名称投票才认为是有效消息，比如"A"或"E"。模式为多选时，支持发送多选项目，比如"A，E"，"A，B，C"（图 4-64）。

图4-63 创建项目

图4-64 投票器组件

（三）项目UI设计

在组件窗口中，添加1个投票器，用于接收掌控板端的数据。同时添加6个标签，用于标记A、B、C、D、E、F所代表的植物，让界面更加直观。先添加1个按键，用于清空投票器组件接收到的数据，完整的界面如图4-65所示。

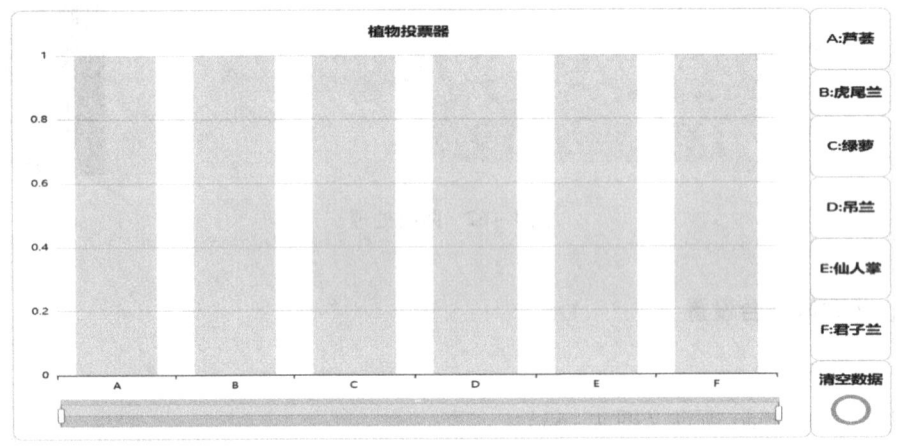

图4-65 系统界面

七、发布端程序设计

1. 物联网平台参数设置

Topic_0的参数为：用户名/toupiao/bar

2. 数据采集

当触摸掌控板上的P触摸键时，发送相关的数据到Topic_0（图4-66和图4-67）。本案例采用单选模式。

图 4-66　触摸 P 按键时发出
"A" 数据（单选模式）

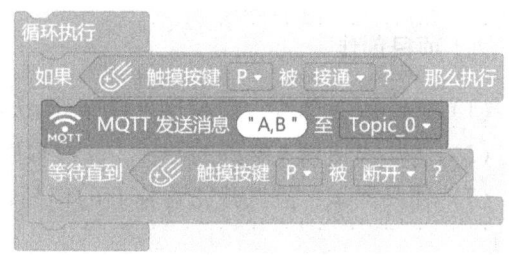

图 4-67　触摸 P 按键时发出
"A，B" 数据（多选模式）

【做一做】参考上述代码，分别编写触摸 Y/T/H/O/N 的代码。

八、数据接收与处理

（一）数据接收

当多块掌控板都上传同一代码时，这时数据的上传模式为 N 对 1，其传输过程如图 4-68 所示，收到的数据如图 4-69 所示。

图 4-68　N 对 1 数据传输模型

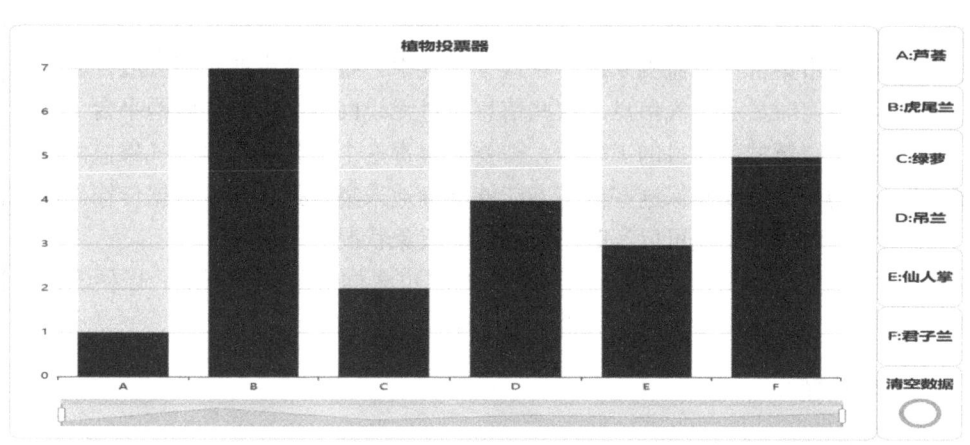

图 4-69　投票器以柱形图的形式呈现数据

根据收到的投票数据，我们就可以选出得票最多的三种植物了。

（二）数据处理

当投票系统要重新接收数据时，可以清空现有数据。在逻辑端加入如下代码（图 4-70）。

【想一想】这样的投票系统生活中还有哪些应用？

图 4-70　清空投票器数据

九、项目创作

（1）以小组为单位，在 MixIO 端新建 toupiao 项目，添加相关组件和编写逻辑代码。

（2）各小组使用连接好的硬件，完成程序的编写。

（3）作品测试：测试并完善你们的作品，写出存在的主要问题，并写出你是如何解决的。

十、项目分享与评价

1. 作品分享与展示

（1）环节组成。

介绍作品功能及制作过程（时间 5 分钟）；接受其他小组的提问并回答（时间 3 分钟）。

（2）注意事项。

①作品展示环节应该现场演示作品具体的功能如何实现。

②演示环节需要注意安全，必要时请佩戴护目镜和劳保手套等。

2. 项目评价

请按照本书附录中的项目化学习评价量规对本项目进行自评和互评。

第七节　简易城市集群气象监测系统（一）

【情境】在未来的智慧城市中，随着城市化进程的加速，城市集群的气象监测变得越来越重要。为了更好地应对突发天气变化、空气污染以及满足城市规划等需求，政府决定研发一套简易城市集群气象监测系统。在这个系统中，各个城市的关键区域都布置了温湿度传感器，同时实时显示天气信息，这些信息通过无线网络上传到物联网平台。

你作为一名智慧城市项目的工程师，被委派负责这个简易城市集群气象监测系统的设计和实施。你的团队需要确保这些传感器能够准确地采集数据，并将数据传输到物联网平台，以便市民、政府和企业可以实时了解城市的气象状况。

【驱动性问题】如何构建一个简易且高效的城市集群气象监测系统，以便实时、准确地为城市管理者、企业和市民提供关键的气象信息？

一、分析问题

（一）抽象

问题分析：在构建城市集群气象监测系统的过程中，抽象思维的关键在于从复杂的气象监测需求中提取出核心要素和共性特征。我们需要将实际的气象监测过程、数据流向、用户界面等具体细节进行概念化，以形成高层次的、通用的设计原则。

理解：通过抽象，我们可以明确系统的主要功能需求，如数据采集、数据传输、数据处理和用户界面设计等。这些功能需求不再局限于具体的传感器类型或数据传输方式，而是具有普遍适用性的设计概念。

（二）分解

问题分析：分解是将复杂的系统构建任务细化为更小、更易于管理的部分。对于城市集群气象监测系统，我们需要将系统构建任务分解为多个子任务，如传感器部署、数据采集模块设计、数据传输协议制定、数据处理逻辑编写、用户界面开发等（图4-71）。

理解：通过分解，我们可以为每个子任务分配专门的同学和资源，从而实现并行开发和高效管理。每个子任务的完成都是构建整个系统的关键步骤，它们的成功集成将最终实现系统的整体功能。

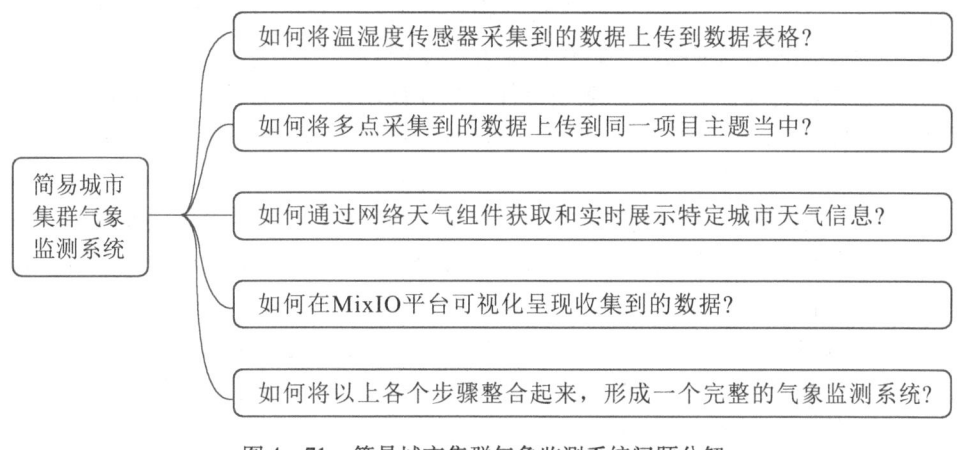

图4-71 简易城市集群气象监测系统问题分解

（三）建模

问题分析：建模是用数学或逻辑语言来描述系统的结构和行为。在城市集群气象监测系统的构建中（下面以中山、惠州、湛江三市为例），我们需要建立各种模型，包括数据采集模型、数据传输模型、网络数据获取模型以及用户界面交互模型等（图4-72）。

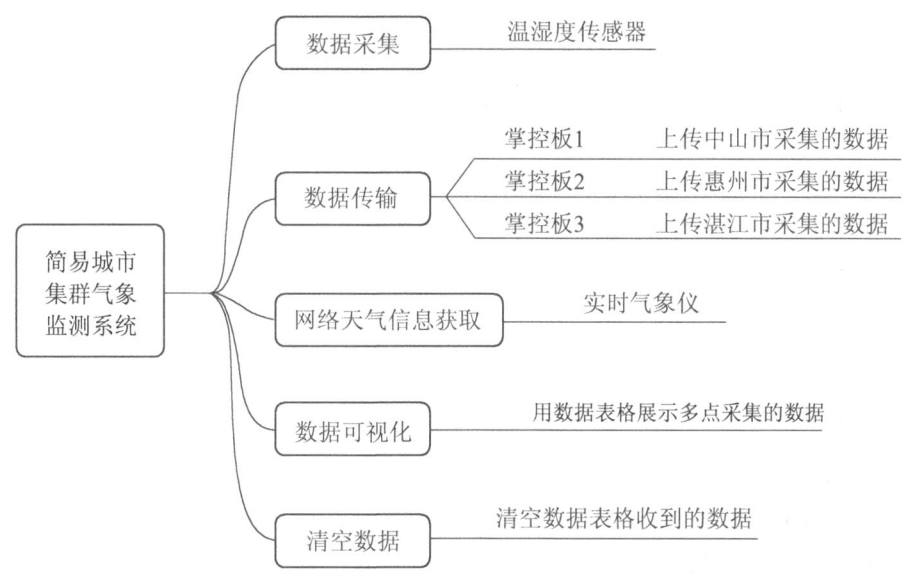

图4-72 简易城市集群气象监测系统模型设计

理解：通过建模，我们可以对系统的各个部分进行精确的定义和描述，确保各部分之间的协调和一致性。建模还有助于我们发现潜在的问题和风险，并在系统设计阶段就进行预防和修正。这些模型将成为系统开发和测试的基础，确保最终实现的系统能够满足预定的功能和性能要求。

二、教学目标

（1）通过实践操作温湿度传感器并学习其数据采集方法【过程】，学生能掌握将采集到的本地环境数据通过一个指定主题上传到物联网平台的技能【结果】，展现出对环境监测和数据上传流程的熟悉程度及实践操作能力【表现】。

（2）通过学习物联网平台数据表格组件的具体使用技巧【过程】，学生能够理解和运用数据表格组件并同时接收并整理多个传感数据【结果】，能熟练利用数据表格组件实现传感数据的直观展示和管理，提升数据处理效率【表现】。

（3）通过学习实时气象仪组件的操作指南并实际应用【过程】，学生能掌握获取和实时展示特定城市天气信息的方法【结果】，展现出对天气信息获取流程的理解以及将天气数据可视化的技能【表现】。

（4）结合数据表格和实时气象仪组件的应用实践【过程】，学生能深入理解物联网中数据传输的基本原理和过程【结果】，能够清晰地阐述物联网数据传输机制，并能在实际问题中灵活运用这一理解【表现】。

三、评价标准

1. 评价标准一

学生能够独立操作温湿度传感器，成功采集本地数据，并通过指定主题将数据上传到物联网平台。上传过程中无错误，数据准确无误地显示在物联网平台上。

2. 评价标准二

学生能够熟练使用物联网平台的数据表格组件，能够同时接收并整理多个传感数据，数据表格组件中展示的数据准确无误，且能够高效地管理和更新表格中的数据。

3. 评价标准三

学生能够快速、准确地使用实时气象仪组件获取特定城市的天气信息，并将其可视化展示。所展示的天气信息必须是最新的，且与所查询城市当前的天气状况一致。

4. 评价标准四

学生能够清晰、准确地解释物联网中数据传输的基本原理和过程，能够将这一理解应用于分析实际问题，并能够举例说明数据如何在物联网平台各组件间进行传输。

四、物联网平台设置

（一）创建项目

创建一个 weather 项目（图 4-73）。

（二）认识数据表格组件

MixIO 平台中的数据表格可以接收单一数值数据或英文逗号分隔的多个数值数据，呈现为一个数据行。"时间"列自动生成，显示数据接收的时间。例如，一次要记录三个值,分别是城市名称、温度、湿度,则可以写成:时间,城市名称,温度,湿度。那么开发板发送消息的格式应该为:"城市名称","温度","湿度"(图4-74)。

图4-73 创建项目

图4-74 数据表格组件

(三)认识实时气象仪组件

实时气象仪组件可以获取天气状态,下发的消息为Json格式,用户可以选择地区信息,设置自动更新和下发消息频率(图4-75)。

(四)项目UI设计

在项目界面中,分别添加1个数据表格,用于接收掌控板端采集的数据;添加3个实时气象仪,用于显示不同城市的气象信息;添加1个按键,用于清空数据表格接收到的数据。完整的界面如图4-76所示。

图4-75 实时气象仪组件

图4-76 系统界面

五、发布端程序设计

1. 物联网平台参数设置

Topic_0 的参数为：用户名/weather/table

2. 数据采集

将温湿度传感器连接到掌控板扩展板的 P8 接口，数据表格的数据模式为：时间，城市名称，温度，湿度。我们可以用  来组合多项数据，如图 4 - 77 所示。

图 4 - 77　多项数据合并发送

掌控板端完整的代码如图 4 - 78 所示。

图 4 - 78　发送端完整代码

【做一做】参考上述代码，分别编写惠州、湛江的代码。

六、数据呈现与处理

（一）数据接收

接收到数据后，数据表格会呈现出各个采集点收到的数据，通过这个数据，我们可以看到不同地区的天气差异（图 4 - 79）。

（二）数据导出

停止该项目，选择数据表格组件，可以将数据表格收集到的数据导出（图 4 - 80）为 CSV 格式（图 4 - 81），这样就可以用电子表格工具对数据进行加工了。

城市集群气象监测系统				
时间	ID	温度	湿度	
2024-05-07 16:00:02	湛江	26.00	68.00	
2024-05-07 15:59:59	湛江	26.00	70.00	
2024-05-07 15:59:57	湛江	26.00	72.00	
2024-05-07 15:59:54	湛江	26.00	73.00	
2024-05-07 15:59:52	湛江	25.00	73.00	
2024-05-07 15:59:49	湛江	25.00	75.00	
2024-05-07 15:59:47	湛江	25.00	74.00	
2024-05-07 15:59:44	湛江	25.00	76.00	
2024-05-07 15:59:42	湛江	25.00	78.00	
2024-05-07 15:59:39	湛江	25.00	82.00	
2024-05-07 15:59:37	湛江	25.00	82.00	
2024-05-05 19:53:44	新疆	0	464	
2024-05-05 19:53:42	新疆	0	27	
2024-05-05 19:53:41	中山	359	0	
2024-05-05 19:53:41	新疆	0	0	
2024-05-05 19:53:40	中山	361	0	

赤坎天气
赤坎 28℃多云 75%RH 东风 2级

中山天气
中山 32℃多云 61%RH 西风 2级

惠州天气
惠城 27℃多云 77%RH 东北风 2级

清空数据

图 4-79 数据可视化呈现

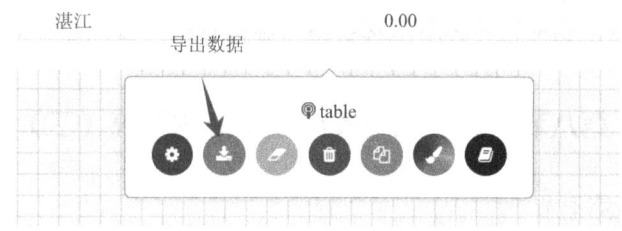

图 4-80 导出数据表格收集的数据

	A	B	C	D	E
1	时间	ID	温度	湿度	
2	2024/5/7 16:00	湛江	26	68	
3	2024/5/7 15:59	湛江	26	70	
4	2024/5/7 15:59	湛江	26	72	
5	2024/5/7 15:59	湛江	26	73	
6	2024/5/7 15:59	湛江	25	73	
7	2024/5/7 15:59	湛江	25	75	
8	2024/5/7 15:59	湛江	25	74	
9	2024/5/7 15:59	湛江	25	76	
10	2024/5/7 15:59	湛江	25	78	
11	2024/5/7 15:59	湛江	25	82	
12	2024/5/7 15:59	湛江	25	82	
13	2024/5/5 19:53	新疆	0	464	
14	2024/5/5 19:53	新疆	0	27	
15	2024/5/5 19:53	中山	359	0	
16	2024/5/5 19:53	新疆	0	0	

图 4-81 接收到的数据

（三）数据清空

当数据表格要重新接收数据时，可以清空现有数据。并在逻辑端加入如图 4-82 代码。

【想一想】这样的数据表格在生活中还有哪些应用？

图 4-82 清空数据表格数据

七、项目创作

（1）以小组为单位，在 MixIO 端新建 weather 项目，添加相关组件和编写逻辑代码。
（2）各小组使用连接好的硬件，完成程序的编写。
（3）作品测试：测试并完善作品，写出存在的主要问题，并写出你是如何解决的。

八、项目分享与评价

1. 作品分享与展示
（1）环节组成。
介绍作品功能及制作过程（时间5分钟）；接受其他小组的提问并回答（时间3分钟）。
（2）注意事项。
①作品展示环节应该现场演示作品具体的功能如何实现。
②演示环节需要注意安全，必要时请佩戴护目镜和劳保手套等。
2. 项目评价
请按照本书附录中的项目化学习评价量规对本项目进行自评和互评。

第八节　简易城市集群气象监测系统（二）

【情境】同本章第七节。
【驱动性问题】在上一节中，在物联网平台显示了各地收集到的天气信息，同时使用实时气象仪组件收集三个城市的天气信息，那么能否将天气信息也同步显示到本地掌控板端呢？

一、分析问题

（一）抽象
问题分析：天气信息包含了多种数据，如温度、湿度、风速、天气状况等，这些数据具有多样性和复杂性。为了有效地传输这些多样化的天气信息，我们需要选择一种合适的数据格式。
理解：在抽象的层面上，这个问题是关于如何高效地处理和传输多样化的天气数据。JSON 作为一种轻量级的数据交换格式，能够灵活地表示和传输这种多样化的信息。

（二）分解
问题分析：天气信息的多样性：天气数据包含多种类型的信息，如数字（温度、湿度）、文本（天气状况描述）等。这种多样性要求传输格式具有足够的灵活性和扩展性。
理解：从分解的角度来看，JSON 格式因其可读性、灵活性、跨平台性和扩展性，成为传输多样化天气信息的理想选择。它能够有效地封装和处理各种类型的天气数据，确保数据的完整性和准确性。

（三）建模
问题分析：在建模阶段，我们需要考虑如何构建一个基于 JSON 格式的数据格式。
理解：通过建模，我们可以对系统的各个部分进行精确的定义和描述，确保各部分之间的协调和一致性。建模还有助于我们发现潜在的问题和风险，并在系统设计阶段就进行预防和修正。这些模型将成为系统开发和测试的基础,确保最终实现的系统能够满足预定的功能和性能要求。

二、教学目标

(1)通过学习 JSON 格式的基本结构和数据传输原理【过程】,学生能理解 JSON 在数据传输中的作用和重要性【结果】,能准确描述 JSON 格式的特点和其在数据交换中的优势【表现】。

(2)通过实践操作,掌握导入本地用户库文件的技术方法【过程】,学生能够成功接收并解释 JSON 格式的数据【结果】,表现出对数据处理流程的熟悉和准确性【表现】。

(3)利用本地用户库对接收到的 JSON 格式数据进行解析【过程】,学生获得将数据正确显示在本地 OLED 屏上的技能【结果】,能准确无误地完成数据的展示,并优化数据显示的布局和清晰度【表现】。

三、评价标准

1. 评价标准一
(1)学生能够准确解释 JSON 格式的基本结构和特点。
(2)学生能够阐述 JSON 在数据传输中的作用和优势。
2. 评价标准二
(1)学生能够熟练演示导入本地用户库文件的操作过程。
(2)学生能够准确无误地接收并成功解释一个 JSON 格式的数据信息。
3. 评价标准三
(1)学生能够利用本地库正确解析 JSON 格式数据。
(2)学生能够将解析后的数据准确无误地显示在本地 OLED 屏上。
(3)学生在数据显示方面表现出良好的布局和清晰度,能够优化显示效果。

四、物联网平台设置

(1)以要将湛江赤坎的天气信息下载到本地显示为例,打开原来的 weather 项目,加入如下逻辑代码(图 4-83),物联网平台每隔 3 秒发送一次赤坎天气信息。

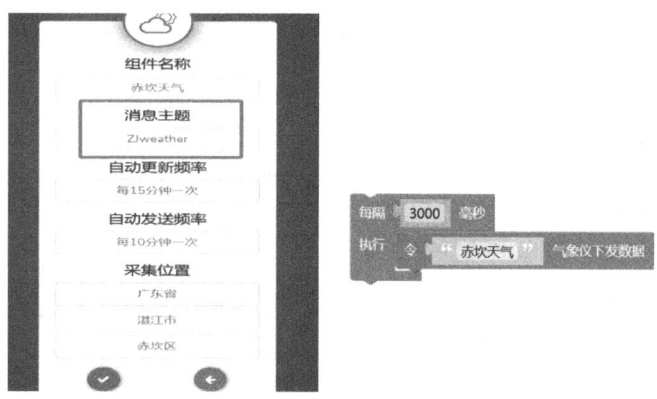

图 4-83 下发天气信息

在数据窗口监听 ZJweather 主题，可以看到，每隔 3 秒平台会下发赤坎的天气信息（图 4-84）。

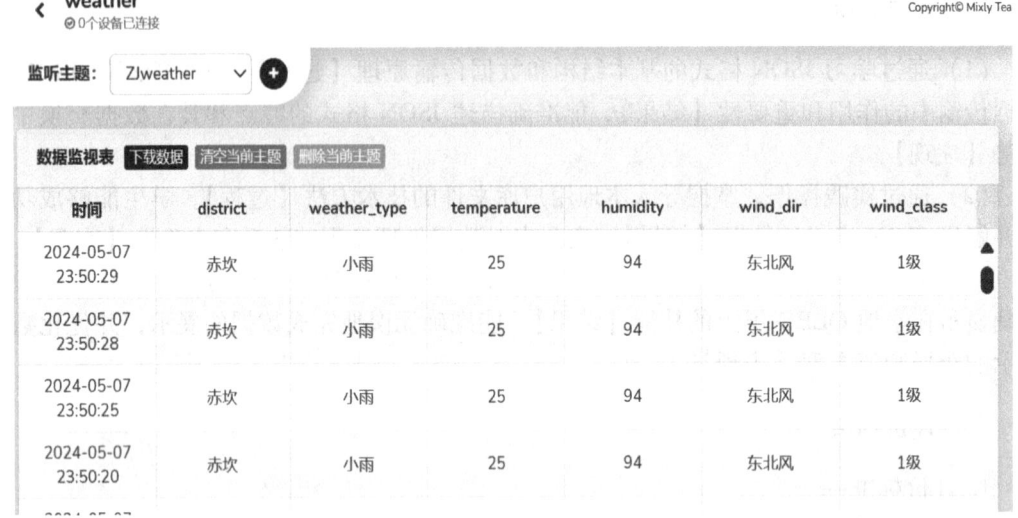

图 4-84　监听 ZJweather 主题信息

（2）认识 JSON 格式数据。从监测的数据来看，MixIO 下发的天气信息数据格式为 {"district":"赤坎","weather_type":"小雨","temperature":26","humidity":"93","wind_dir":"南风","wind_class":"1级"}。这是一种 JSON 格式数据。

JSON（JavaScript Object Notation）是一种轻量级的数据交换格式。JSON 采用完全独立于语言的文本格式，这些特性使 JSON 成为理想的数据交换语言。易于人们阅读和编写，同时也易于机器解析和生成。

JSON 建构于两种结构：

（1）"名称/值"对的集合（A collection of name/value pairs）。不同的语言中，它被理解为对象（object）、记录（record）、结构（struct）、字典（dictionary）、哈希表（hash table）、有键列表（keyed list），或者关联数组（associative array）。

（2）值的有序列表（An ordered list of values）。在大部分语言中，它被理解为数组（array）。

按照最简单的形式，可以用这样的 JSON 格式表示"名称/值"：{"firstName":"Brett"}。

五、接收端设置

（1）增加 Topic_1 通道：用户名/weather/ZJweather，用于接收赤坎的天气信息。

（2）用串口打印接收到的 MQTT 信息（图 4-85）。

图 4-85　在掌控板端串口打印收到的信息

可以看到，收到的信息与下发的信息一致（图 4-86、图 4-87）。

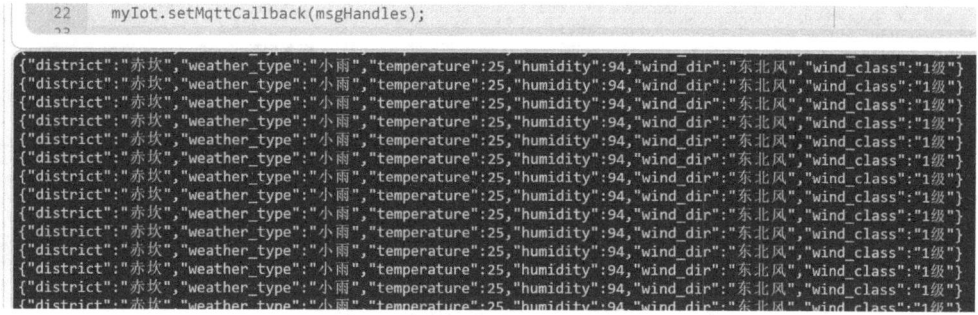

图4-86 串口打印收到的信息

图4-87 掌控板端收到的信息

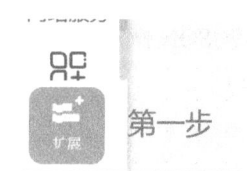

图4-88 导入JSON解释库

六、解释JSON格式数据

可以看到，掌控板收到的数据仅显示为一行，显示的信息不齐整。为了让显示更友好，我们可以采用如下方法对数据进行格式化显示。

（1）下载lnsfaiot-lnsfaiot_josn-thirdex-V1.0.mpext库文件。

（2）在扩展中导入JSON解释库（图4-88）。

（3）导入用户库（图4-89），选中下载的lnsfaiot-lnsfaiot_josn-thirdex-V1.0.mpext库文件，选择"打开"（图4-90）。

图4-89 导入用户库

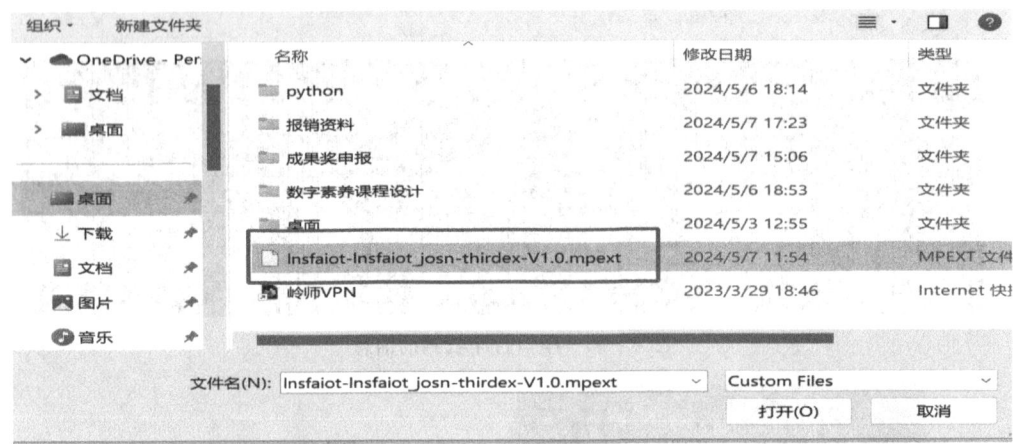

图 4-90 导入用户库

（4）加载 JSON 解释库（图 4-91），加载完成后可以看到用户库已存在 JSON 解释库（图 4-92）。

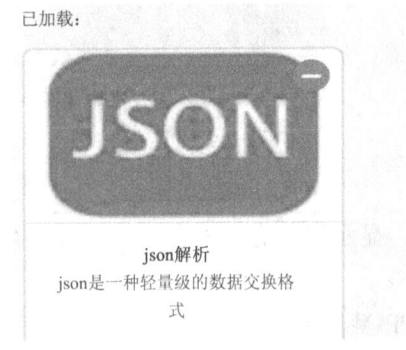

图 4-91 加载 JSON 解释库

图 4-92 加载 JSON 解释库

七、格式化显示数据

为了节省更多的屏幕空间，可将 Wi-Fi 和 MQTT 的连接提示用 LED 灯显示（图 4-93、图 4-94、图 4-95）。

图 4-93 格式化数据显示代码

第四章 万物互联

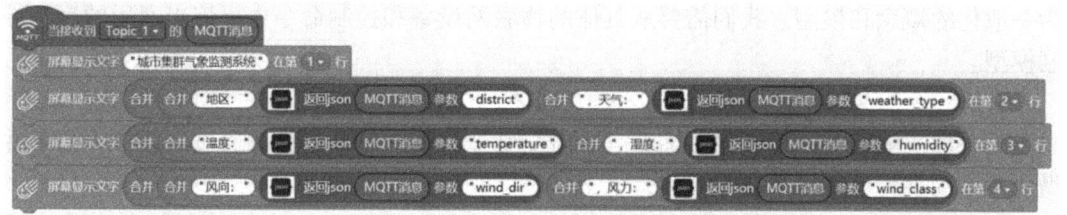

图 4-94　格式化数据显示代码

【做一做】参考上述方法，分别编写传输中山、惠州的天气信息到本地 LED 的代码。

八、项目创作

（1）以小组为单位，在 MixIO 端新建 weather 项目，添加相关组件和编写逻辑代码。

（2）各小组使用连接好的硬件，完成程序的编写。

（3）作品测试：测试并完善你们的作品，写出存在的主要问题，并写出你是如何解决的。

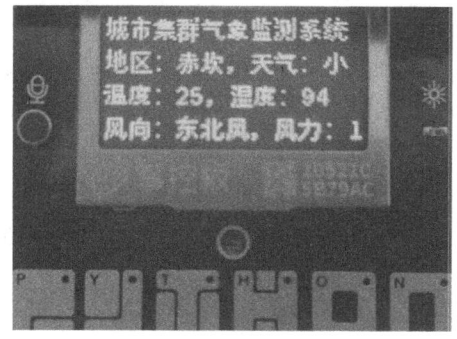

图 4-95　显示效图

九、项目分享与评价

1. 作品分享与展示
（1）环节组成。
介绍作品功能及制作过程（时间 5 分钟）；接受其他小组的提问并回答（时间 3 分钟）。
（2）注意事项。
①作品展示环节应该现场演示作品具体的功能如何实现。
②演示环节需要注意安全，必要时请佩戴护目镜和劳保手套等。
2. 项目评价
请按照本书附录中的项目化学习评价量规对本项目进行自评和互评。

第九节　远程植物守护家（二）

【情境】本章第五节中介绍，小林已经熟练地利用土壤传感器、温湿度传感器、光线传感器，精确地收集和记录了植物生长环境的实时数据并上传到物联网平台，这一节我们将学习如何远程控制本地的设备，实现远程浇水、补光和降温功能。

【驱动性问题】如何利用物联网技术，实现远程控制本地设备，给植物提供一个更好的生长环境？

一、分析问题

（一）抽象

问题分析：在远程控制本地设备的场景中，抽象是将具体的设备和控制过程转化为更为一般化的概念和模型。我们需要从具体的物联网设备和控制命令中提炼出通用的远程控制模型。

理解：

设备抽象：不关注设备的具体型号和功能细节，而是将其视为可通过网络接收指令并做出响应的远程可控对象。

控制命令抽象：将具体的控制操作（如开启水泵、调节 LED 灯亮度等）抽象为一系列标准化的控制指令。

（二）分解

问题分析：分解是将复杂的问题或系统拆分成更小、更易于处理的子问题或子系统。在实现远程控制本地设备的任务中，我们需要将整个过程分解为多个步骤或组件（图 4-96）。

理解：

功能分解：将远程控制功能分解为数据传输、指令解析、设备控制等子功能。

系统分解：将整个系统分解为远程控制端（如手机 APP 或网页界面）、网络通信模块、本地控制模块和设备执行模块。

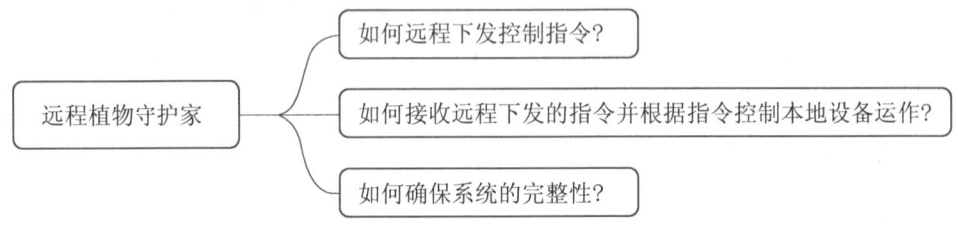

图 4-96　远程植物守护家问题分解

（三）建模

问题分析：建模是用数学或逻辑的方式表示问题或系统的过程。在实现远程控制本地设备的案例中，建模涉及对设备、控制指令和通信过程的形式化表示（图 4-97）。

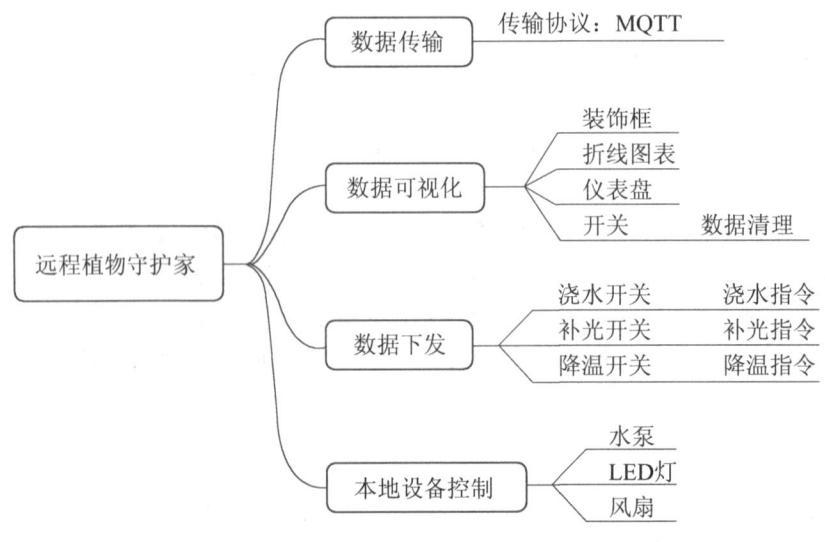

图 4-97　远程植物守护家模型设计

理解：

数据上传流程：确定数据从传感器到云端的完整上传流程。

可视化界面构建：设计并实现一个用户友好的数据可视化界面，能够清晰地展示传感器收集到的数据。

数据分析框架：为分析人员提供一个初步的数据解读和分析框架，帮助他们更好地理解数据。

二、教学目标

（1）通过学习和实践操作远程控制设备【过程】，学生将能够成功实现远程控制本地的水泵、风扇、LED 灯等设备，以优化植物生长环境【结果】，从而提升物联网技术应用能力和增强学习的兴趣【表现】。

（2）通过上传和接收数据【过程】，学生将深入理解 MQTT 的发布/订阅机制【结果】，能够在实际操作中熟练运用该机制，并解释其工作原理【表现】。

（3）通过参与并完成一个完整的物联网系统创作项目【过程】，学生将深刻感受到物联网为生活带来的便利【结果】，并在日常生活中积极探寻和提出利用物联网技术解决实际问题的方案【表现】。

三、评价标准

1. 评价标准一

（1）学生能够独立完成远程控制本地设备（如水泵、风扇、LED 灯等）的操作，以实现对植物生长环境的优化。

（2）学生在操作过程中能够解释远程控制技术的原理和步骤。

2. 评价标准二

（1）学生能够准确描述 MQTT 的发布/订阅机制，包括其关键概念和运作原理。

（2）学生能够通过实际操作演示数据的上传和接收过程，并解释 MQTT 在这一过程中的作用。

3. 评价标准三

（1）学生能够创作出一个完整的物联网系统方案，该方案应体现出物联网在解决实际问题中的应用。

（2）学生能够清晰表达物联网为生活带来的便利，并举出至少一个实例说明如何在日常生活中运用物联网技术。

四、系统界面设计

（1）在 MixIO 平台打开原来的 PG_Monitor 项目，添加 4 个开关按钮（图 4-98）。

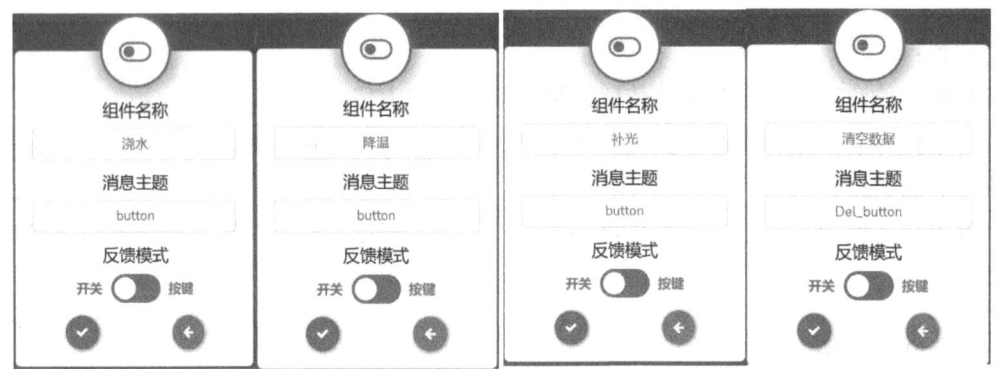

图 4-98 添加按钮

（2）完整的系统 UI 设计如图 4-99 所示。

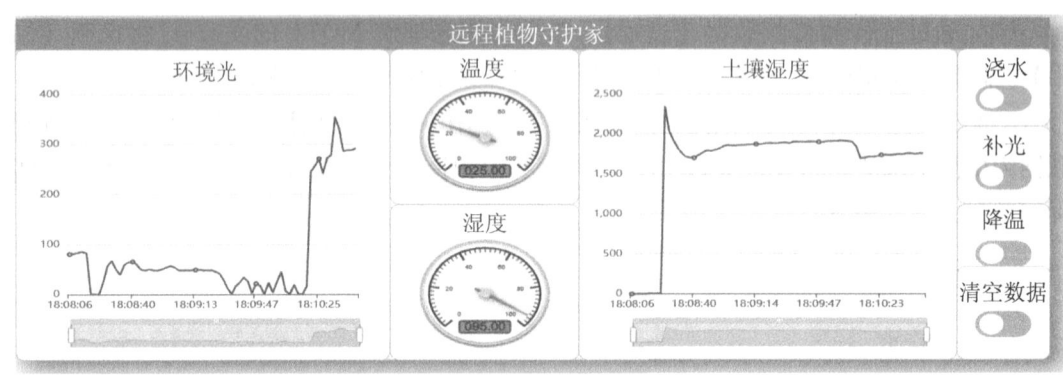

图 4-99 完整的系统 UI

五、作品硬件清单

本作品用到的硬件清单有掌控板 1 块、扩展板 1 块、土壤传感器 1 个、DHT11 温湿度传感器 1 个、继电器 1 个、水泵 1 个、风扇 1 个。硬件的连接接口见下表。

表 4-6 作品硬件清单

序号	设备名称	接口	序号	设备名称	接口
1	土壤传感器	P2	3	继电器	P9
2	温湿度传感器	P8	4	风扇模块	P13

六、订阅端逻辑代码设计

在 MixIO 逻辑中为浇水开关添加如下指令（图 4-100），当打开开关时，发送 wateron 字符串，当关闭开关时，发送 wateroff 字符串。

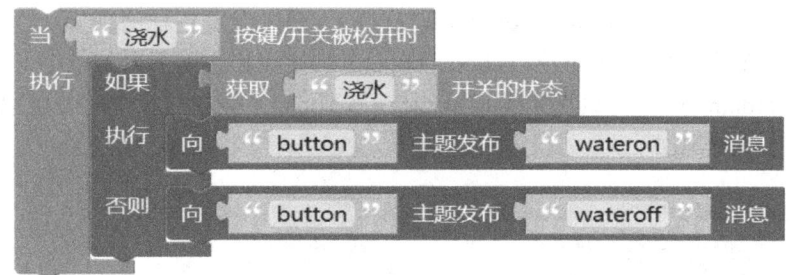

图 4-100 数据监听窗口数据

完整的开关逻辑指令如图 4-101 所示。

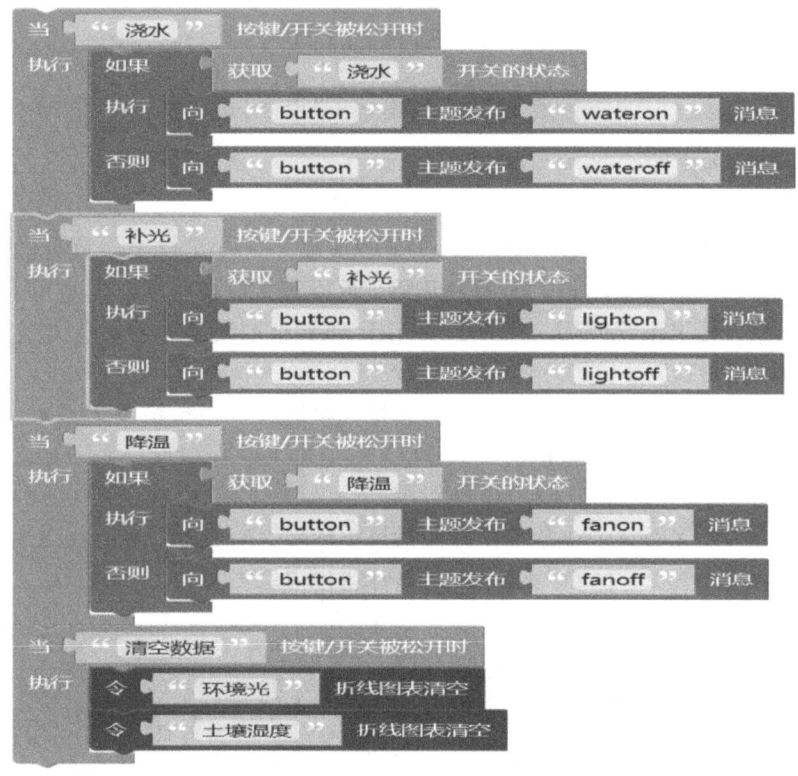

图 4-101 各开关逻辑指令

七、掌控板端逻辑代码设计

（一）MQTT 参数设置

在原来的基础上添加一个 Topic，用于接收物联网平台的指令，并做出相应的处理。完整的 Topic 如下所示：

  Topic_0:用户名/PG_Monitor/PG_light   #环境光主题消息
  Topic_1:用户名/PG_Monitor/PG_soil   #土壤湿度主题消息
  Topic_2:用户名/PG_Monitor/dashboard1   #环境温度主题消息

Topic_3:用户名/PG_Monitor/dashboard2　　　#环境湿度主题消息
Topic_4:用户名/PG_Monitor/button　　　　#接收物联网平台的指令

【拓展】arduino C 模式只提供 5 个 Topic，当 Topic 个数超过 5 个时，可以转用 micro-Python 模式（图 4 – 102）。

图 4 – 102　microPython 模式

（二）设置浇水装置

1. 认识潜水泵

本案例设计一款适合 DIY 的水陆两用微型潜水泵，3～6V 供电，具有低噪音、高效率、易清洗等特点，潜水泵的防水等级为 IP68，可以直接放在水里，但水位应高于水泵，也可以在进出水口插上水管使用。潜水泵可用于 DIY 小型喷泉装置、鱼缸换水、DIY 浇花装置等（图 4 – 103）。

注：该型号水泵直接供电即可使用，可以接入扩展板的正负极来测试水泵是否正常，使用时要放入水中，否则容易空烧。

2. 认识继电器

由于该水泵仅有正负极，无法使用控制信号来控制它的运作。类似这样的设备可以使用数字继电器模块（图 4 – 104）来实现设备的控制功能。

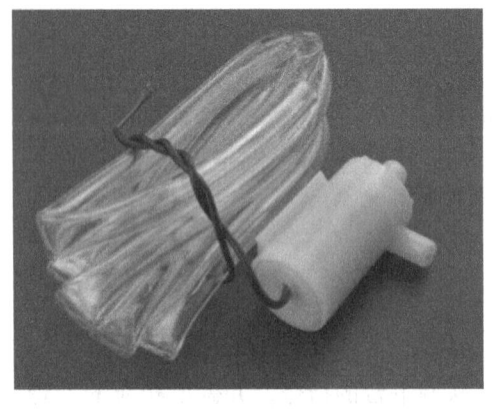
图 4 – 103　微型潜水泵

图 4 – 104　数字继电器模块

继电器连线端有 NC、NO、N/A、COM 四个端口（图 4 – 105），其含义为：NC 表示常闭、NO 表示常开、N/A 表示空脚、COM 表示公共端。

 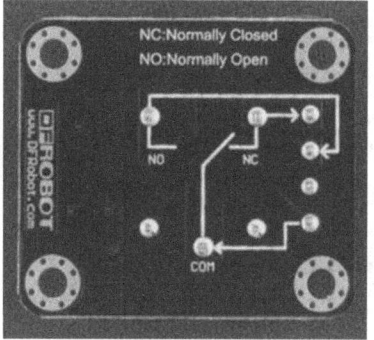

图4-105　数字继电器模块引脚及定义

继电器与水泵的连线图如图4-106所示，其中继电器接扩展板的 P9 接口，COM 端接 P16 口取电。

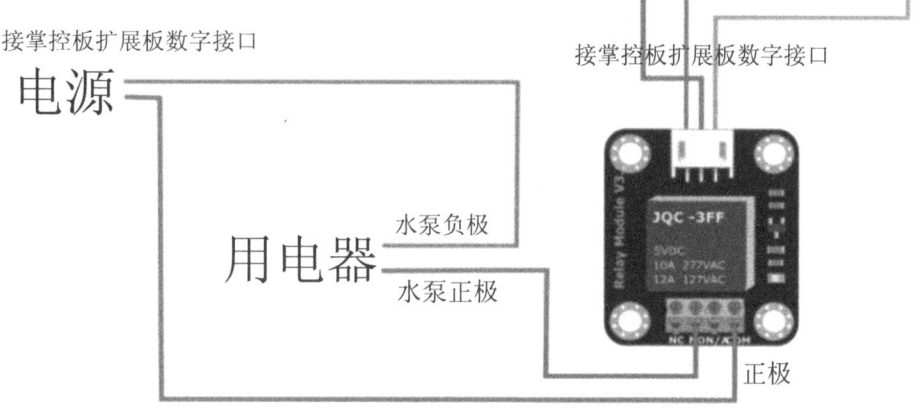

图4-106　继电器与水泵的连线图

3. 水泵测试

编写代码，测试水泵是否正常工作（如图4-107所示）。

（三）测试风扇模块

风扇模块属数字类设备，高电平运作，低电平停止。将风扇模块接入扩展板的 P13 口，编写测试代码，观察风扇是否正常运转（图4-108）。

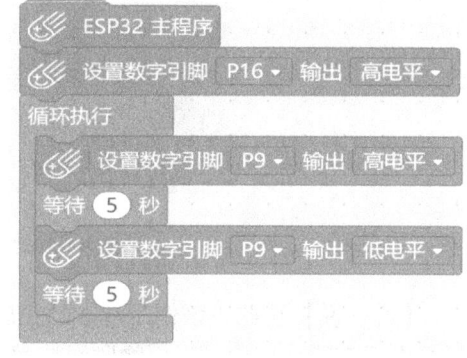

图4-107　继电器与水泵测试

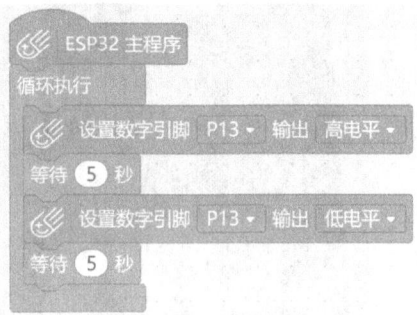

图 4-108　风扇模块测试

（四）远程控制本地设备

当设备测试正常后，可以编写远程控制代码了（图 4-109）。

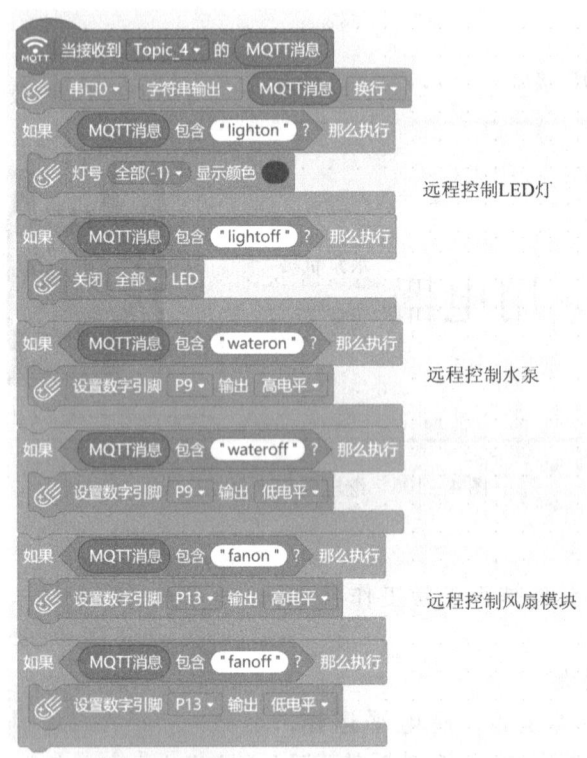

图 4-109　远程控制本地设备代码

【说一说】至此，该作品基本已完成，你能说出这个过程中数据是如何传输的吗？生活当中还有哪些应用可以用物联网技术进行改善？

八、项目创作

（1）以小组为单位，在 MixIO 端新建 PG_Monitor 项目，添加相关组件和编写逻辑代码。

(2)各小组使用连接好的硬件和监测的植物,完成程序的编写。
(3)作品测试:测试并完善作品,写出存在的主要问题,并写出你是如何解决的。
(4)系统测试正常后,尝试为作品设计一个外观。

九、项目分享与评价

1. 作品分享与展示
(1)环节组成。
介绍作品功能及制作过程(时间 5 分钟);接受其他小组的提问并回答(时间 3 分钟)。
(2)注意事项。
①作品展示环节应该现场演示作品具体的功能如何实现。
②演示环节需要注意安全,必要时请佩戴护目镜和劳保手套等。
2. 项目评价
请按照本书附录中的项目化学习评价量规对本项目进行自评和互评。

第十节 MixIO 本地化应用案例

【情境】
小明的家由于地理位置偏远,没有接入互联网。为了实现家中照明的智能化控制,他决定使用自己的本地电脑作为 MixIO 服务器,通过蓝牙技术来控制家中的 LED 灯。这样,即使在没有网络的情况下,小明也能通过手机与 MixIO 服务器进行通信,实现对照明系统的远程控制。

【驱动性问题】
如何在没有互联网接入的家中使用本地电脑作为 MixIO 服务器,通过蓝牙技术实现对 LED 灯的远程智能控制?

一、分析问题

(一)抽象

1. 核心概念提取
(1)蓝牙技术:一种短距离无线通信技术,允许设备间的数据传输。
(2)MixIO 服务器:一个基于 Mixly 的物联网应用开发平台,用于数据管理和逻辑控制。
(3)智能照明系统:使用 LED 灯作为照明设备,通过智能控制实现自动化照明。
2. 功能需求明确
系统需要实现的功能包括 LED 灯的远程开关控制和亮度调节。

（二）分解

1. 技术分解

（1）理解蓝牙技术在数据传输中的应用。

（2）学习如何在本地电脑上部署和配置 MixIO 服务器。

2. 任务分解

任务一：硬件准备，包括选择合适的开发板和 LED 灯。

任务二：软件编程，编写控制 LED 灯的程序。

任务三：MixIO 服务器配置，包括注册账号、创建项目和配置设备。

任务四：蓝牙模块设置，包括初始化和配对流程。

任务五：用户界面设计，创建图形化控制界面。

任务六：系统集成测试，确保所有组件协同工作。

任务七：优化与迭代，根据测试结果进行调整。

3. 难点识别

（1）蓝牙连接的稳定性和传输效率。

（2）MixIO 服务器在本地环境下的性能和响应速度。

（3）用户界面的易用性和交互逻辑。

（三）建模

1. 系统建模

构建一个系统模型，包括以下模块：

（1）蓝牙模块：负责与手机或其他设备的通信。

（2）控制模块：接收来自蓝牙模块的数据，并根据数据控制 LED 灯的状态。

（3）用户界面：提供用户交互的界面，如开关按钮和亮度调节滑块。

（4）MixIO 服务器：作为数据处理和设备管理的中心。

2. 算法设计

设计算法来处理数据传输和设备控制流程，包括数据编码和解码、指令解析和执行、错误处理和异常管理。

3. 测试模型

建立测试模型来验证系统的可行性和稳定性，包括：

（1）单元测试：测试各个模块的功能是否正常。

（2）集成测试：测试整个系统的工作流程是否流畅。

（3）压力测试：测试系统在高负载下的稳定性和响应能力。

通过这三个步骤的分析，我们可以更清晰地理解问题，明确解决方案的各个组成部分，并为小明家中的智能照明系统提供一个结构化的路径。

二、教学目标

（一）理解蓝牙技术原理

通过研究和讨论，学习蓝牙技术的基本工作原理，包括信号传输、设备配对和数据通信【过程】。学生能够解释蓝牙技术如何实现设备间的无线通信【结果】，通过口头测试或简答题形式展示他们对蓝牙技术原理的理解【表现】。

（二）使用 MixIO 平台进行项目创建和管理

通过 MixIO 平台进行账号注册、项目创建，并学习如何添加和管理设备【过程】。学生成功创建和管理自己的 MixIO 项目，包括设备配置和用户界面设计【结果】；展示他们创建的项目，包括项目结构和用户界面的布局【表现】。

（三）编程实现对 LED 灯的控制

使用图形化编程工具或代码编写程序，实现对 LED 灯的开关和亮度控制【过程】。学生编写的程序将能够通过 MixIO 平台接收控制指令，并正确控制 LED 灯的状态【结果】；演示他们的程序，并解释程序的工作原理和控制逻辑【表现】。

（四）配置和优化蓝牙通信

学习如何配置蓝牙模块，包括设置通信参数和优化通信效果【过程】。确保蓝牙模块与 MixIO 服务器之间能够稳定通信，实现数据的准确传输【结果】。学生能够通过实操演示蓝牙通信的配置过程，并展示通信的稳定性和效率【表现】。

三、评价标准

1. 评价标准一

理解：学生能准确解释蓝牙技术的基本工作原理，包括信号传输、设备配对和数据通信。

问题解决：学生能通过实例展示蓝牙技术在实际应用中的问题解决，如设备不匹配或连接失败。

评价方法：通过口头测试、简答题或选择题测试来评估学生对蓝牙技术的理解。

2. 评价标准二

理解：学生能展示对 MixIO 平台功能和操作流程的熟悉度，包括项目创建、设备管理和用户界面设计。

问题解决：学生能在 MixIO 平台上独立解决配置错误或操作问题。

评价方法：通过实操考核和观察学生在平台上的操作过程来评估其应用能力。

3. 评价标准三

理解：学生能编写逻辑清晰的程序代码，实现对 LED 灯的控制。

问题解决：学生能调试和优化程序，解决编程过程中出现的问题。

评价方法：通过代码审查和程序运行结果来评估学生的编程实现能力。

4. 评价标准四

理解：学生能正确设置蓝牙参数，包括通信协议、波特率等。

问题解决：学生能在遇到蓝牙配对问题时，独立排查并解决问题。

评价方法：通过实操考核结合口头反馈，询问学生解决问题的思路。

5. 评价标准五

理解：学生能设计直观、易用的用户界面，满足用户控制 LED 灯的需求。

问题解决：学生能根据用户反馈调整界面设计，提高用户体验。

评价方法：通过用户界面的功能性测试和用户反馈来评估学生设计能力。

6. 评价标准六

理解：学生能在团队中有效沟通，理解并尊重他人的观点。

问题解决：学生能在团队合作中解决分歧，共同推进项目进展。

评价方法：通过观察学生在团队中的互动和贡献，以及团队项目的最终成果来评估团队合作与交流能力。

通过这些评价标准，教师可以全面了解学生在理论知识掌握、实践操作技能、问题解决能力以及创新和团队合作方面的表现，为学生提供针对性的反馈和指导。

四、硬件与软件准备

掌控板：用于蓝牙信号的转发。

MixIO：设置 MixIO 本地应用服务器。

五、MixIO 本地服务器设置

1. 下载 MixIO 本地服务软件

Windows – x64 发行版（win10 及以上）

https://gitee.com/bnu_mixly/mixio – win32 – x86 – dist/blob/master/mixio.exe

2. 下载后解压运行（图 4 – 110）

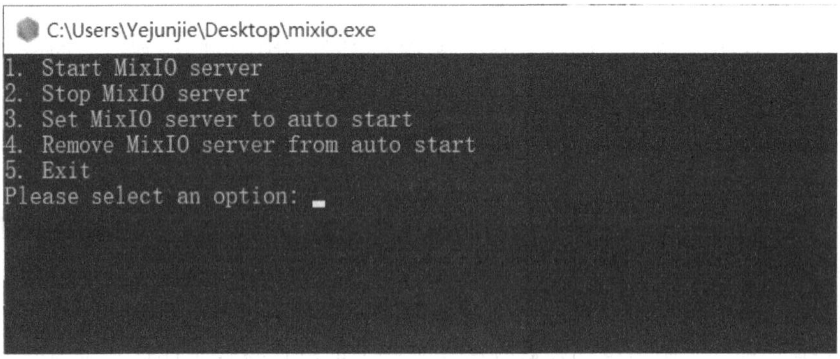

图 4 – 110　启动 MixIO 本地服务

3. 选择运行：1. Start MixIO server

4. 本地服务登录

在网页端，以格式 http：打开网址

http：//本地 IP：8080（对接内容 http 或 https 的 url，兼容性更好，但可能浏览器会出现安全性问题）

如：本地电脑 IP 地址为 192.168.10.62（通过"运行—cmd—ipconfig"查看），则在浏览器地址栏输入：http：//192.168.10.62：8080。

5. 注册账号

在此页面可以注册新的账号，注册完成后以你注册的账号和密码登录。（图 4 – 111、图 4 – 112）

图 4-111　MixIO 本地服务登录界面

图 4-112　MixIO 本地注册界面

六、新建工程，设置链接

（1）点击"+"可以新建工程项目，新建完成的工程在图 4-113 所示中红色框线标记处出现。

（2）用户名：用于开发板连接凭据，需要记录下来，在程序中会使用到。

（3）密码：（不是登录密码）用于开发板连接凭据，需要记录下来，在程序中会使用到。点击"眼睛"图标会显示出来。

（4）项目名：用于开发板连接凭据，需要记录下来，在程序中会使用到。

（5）在项目中打开，点击"+"添加名称为蓝牙的组件。

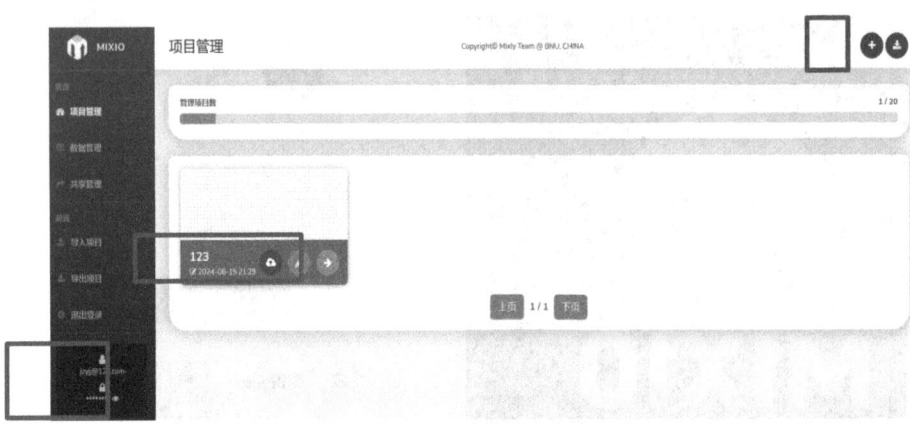

图 4-113 新建工程项目

图 4-114 添加蓝牙组件

七、程序实现

1. 初始化：加载掌控板

图 4-115 加载掌握控板

2. 加载网络服务——MQTT 协议

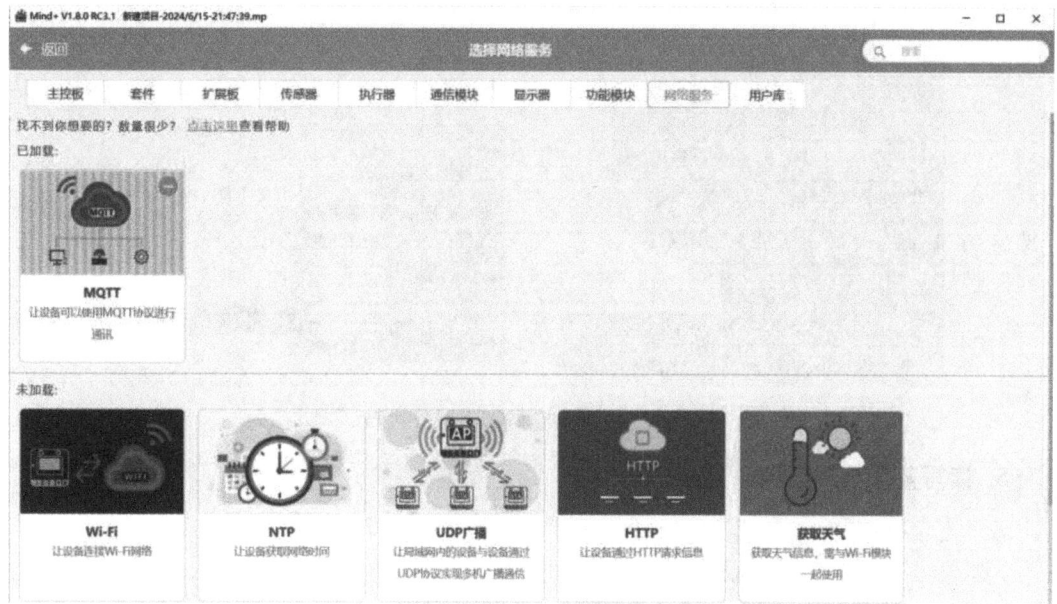

图 4-116　加载 MQTT 网络服务

3. 在用户库中加载"掌控板蓝牙"

图 4-117　加载掌控板蓝牙模化

4. 设置 MQTT 协议链接

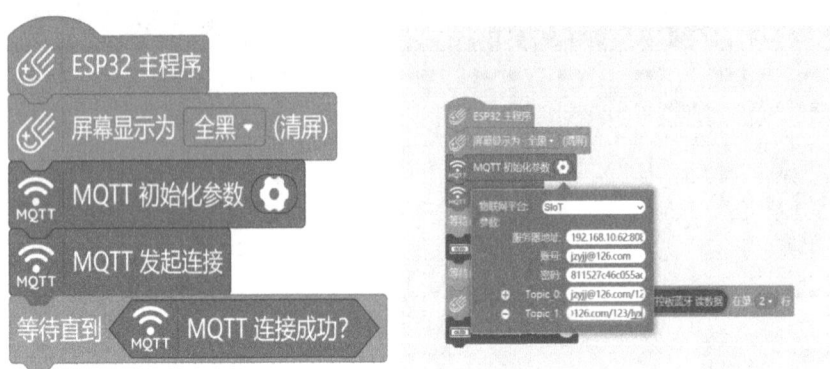

图 4-118 连接 MQTT 服务代码

5. 读写蓝牙数据信息

图 4-119 读写蓝牙数据代码

八、项目创作

材料准备：列出所需的硬件和材料，如掌控板、通信模块、加载用户库等。
硬件连接：绘制硬件连接图，展示无线模块与掌控板的连接方式。
程序编写：设计程序流程图，展示数据监测、无线通信和决策逻辑的流程。
作品测试：测试智能植物监护系统，确保其按预期工作，并进行必要的调整。

画出外观草图。

九、项目分享与评价

（1）作品展示：学生展示 MixIO 本地化应用系统，并解释其工作原理和制作过程。
（2）评价反馈：同学和教师对模型的功能和设计做出评价和提出改进建议。
（3）通过这个案例，学生将学习到如何使用掌控板和蓝牙来控制灯光，并通过无线通信模块实现数据的传输和处理，最终实现自动化的决策逻辑。
（4）问题记录：

在后面项目实施过程中，可能会遇到各种各样的困难，尝试在下表中记录你遇到的问题和解决办法，便于以后出现类似问题时能更好地面对。

表 4-7

遇到的困难	你的解决方法
1.	1.
2.	2.
3.	3.
……	……

（5）自我反思：

梳理自己设计项目的思维逻辑、项目在执行层面的问题和经验等，可以帮助我们形成学习的闭环，加深在项目进行的过程中对知识点和内容的理解，找到可以改进和提高的地方。

表 4-8

优点与不足	1.
	2.
可以从项目中总结的经验	1.
	2.
学到的知识	1.
	2.

附录　项目化学习评价量规

维度	优秀（4分）	良好（3分）	合格（2分）	有待提高（1分）
创作能力				
创意构思	构思独特且富有创意，完全超越常规	构思新颖，有一定的创新性	构思普通，符合基本要求	构思缺乏新意，难以吸引人
技术实现	技术运用熟练，作品效果出色	技术运用得当，作品效果良好	技术基本掌握，作品效果一般	技术运用生疏，作品效果较差
完善与修改	能够根据反馈多次完善，作品质量持续提升	能够根据反馈进行适当修改，作品质量有所提高	能够接受反馈并做一定修改，但改进有限	对反馈反应迟缓，修改效果不明显
问题解决能力				
问题识别	能够迅速准确识别问题，并提出解决方案	能够识别问题，解决方案基本合理	能够识别部分问题，解决方案有待完善	难以识别问题，解决方案不切实际
解决方案	提出多种有效解决方案并成功实施	能够提出并实施一种有效的解决方案	能够提出解决方案，但实施效果一般	解决方案难以实施或效果不佳
反思总结	能够深入反思问题，总结经验教训	能够进行一定的反思和总结	能够简单回顾问题，但反思不深入	缺乏反思和总结能力
学习态度与素养				
自主学习	积极主动学习，自主寻找资源提升技能	能够主动学习，但资源利用有限	基本能完成学习任务，但缺乏主动性	学习被动，难以自主提升
责任感与毅力	对项目充满热情，面对困难坚持不懈	对项目负责，能够克服一般困难	对项目有一定责任感，但毅力不足	缺乏责任感和毅力，容易放弃
资源整合	能够高效整合各种资源，为项目提供有力支持	能够整合部分资源，对项目有一定帮助	资源整合能力有限，对项目影响不大	难以整合资源，对项目无实质性的贡献
团队协作能力				
角色分工	明确自己的角色，积极承担责任并完成任务	能够承担一定角色，基本完成分配的任务	角色定位较模糊，任务完成情况一般	角色不清，任务完成情况较差

续上表

维度	优秀（4分）	良好（3分）	合格（2分）	有待提高（1分）
沟通交流	与团队成员沟通顺畅，有效传递信息并解决问题	能够与团队成员进行基本沟通，但效果一般	沟通能力有限，有时会影响团队进度	缺乏沟通能力，难以与团队成员有效合作
协作成果	团队作品质量高，充分体现了团队协作的优势	团队作品效果良好，协作成果较为明显	团队作品一般，协作效果有限	团队作品质量较差，协作成果不明显